JN412420

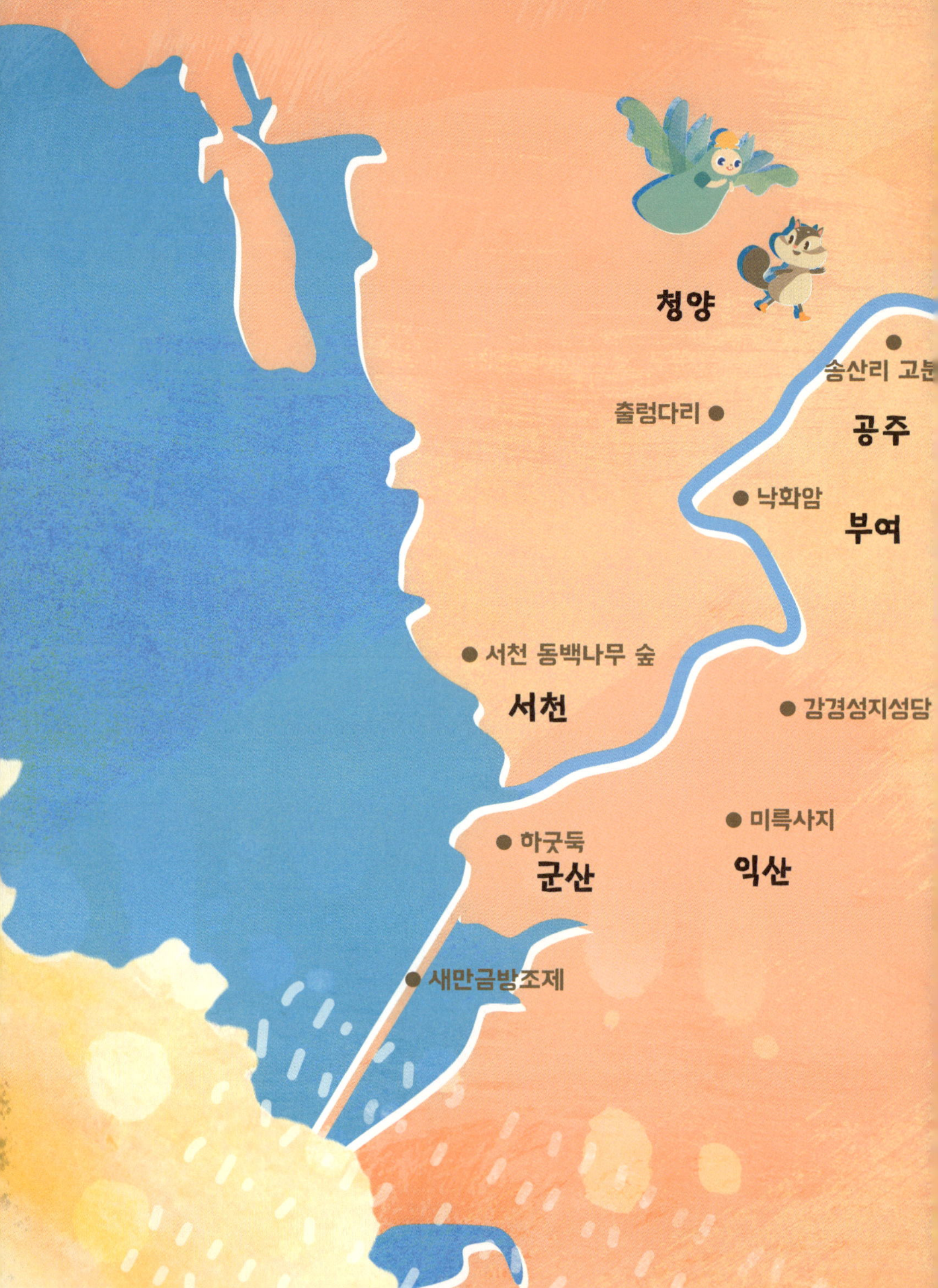
청양
송산리 고
출렁다리
공주
낙화암
부여
서천 동백나무 숲
서천
강경성지성당
미륵사지
하굿둑
군산
익산
새만금방조제

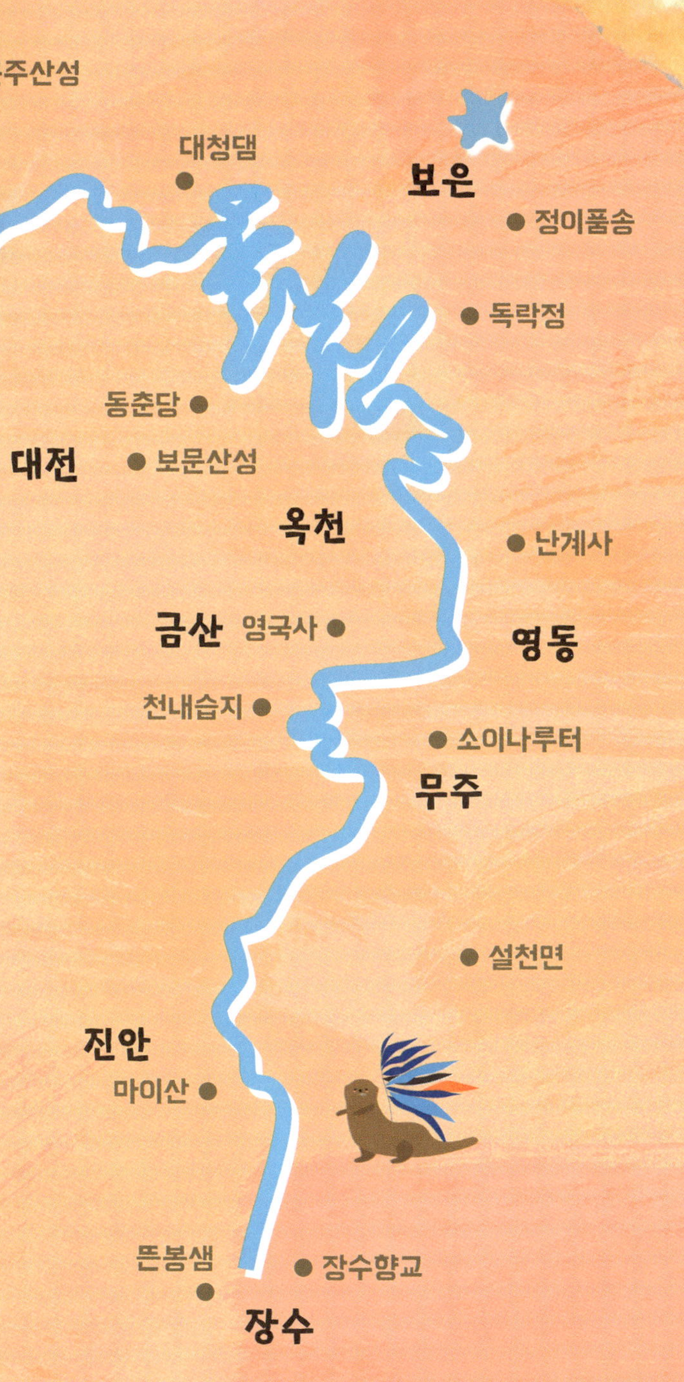
주산성
대청댐
보은
정이품송
독락정
동춘당
대전
보문산성
옥천
난계사
금산
영국사
영동
천내습지
소이나루터
무주
설천면
진안
마이산
뜬봉샘
장수향교
장수

거꾸로 흐르는 강, 아름다운 금강여행

거꾸로 흐르는 강, 아름다운 금강 여행

초판 1쇄 발행 2024년 2월 19일

지은이 유명은
그린이 정다희
펴낸이 김경옥
펴낸곳 아롬주니어
디자인,제작 디자인원(031.941.0991)
편집 노지선

출판등록번호 제 2020-000340호
주 소 서울특별시 마포구 월드컵북로 162-4 1층
전 화 02.326.4200
팩 스 02.336.6738
이메일 aromju@hanmail.net

ISBN 979-11-91902-19-8 73810

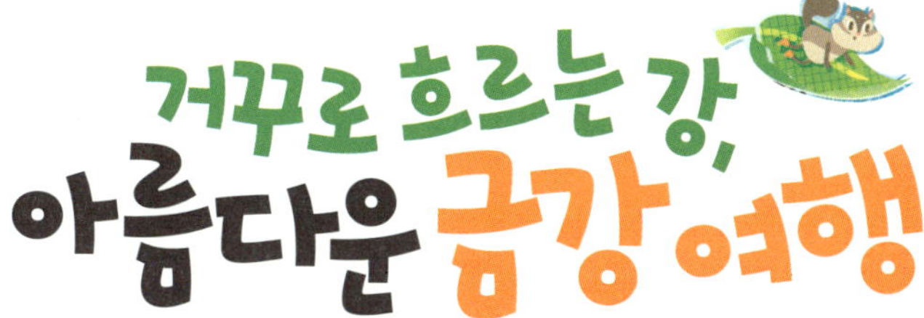

유명은 글 | 정다희 그림

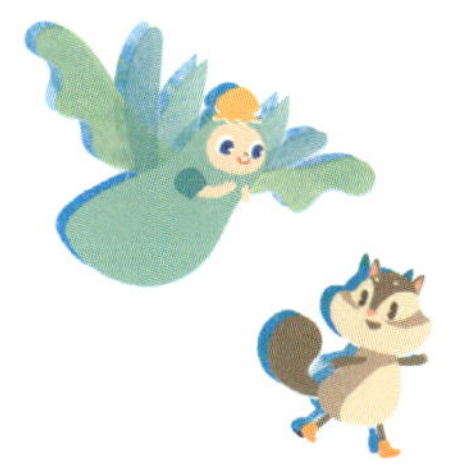

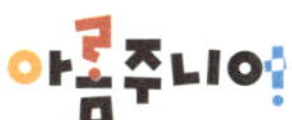

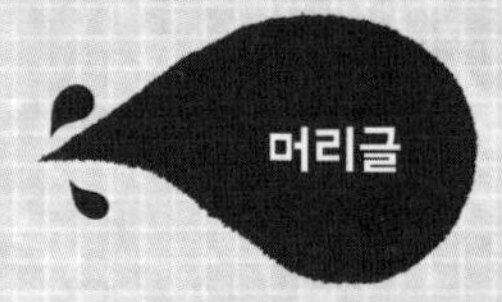

역사와 문화, 사람들의 이야기가 흐르는 금강

어렸을 적, 냇가는 아이들의 놀이터였습니다. 냇가에서 멱을 감고, 송사리를 잡으며 한나절을 보냈습니다. 달이 밝은 밤에는 여럿이 모여 달빛 아래 살근살근 목욕도 했습니다.

아이들은 어른이 되자 대부분 고향을 떠나 대도시로 향했습니다. 냇가는 발전이라는 명목하에 거의 사라졌습니다. 놀이터이자 멱을 감던 어릴 적 냇가는 이제 기억 속에만 존재합니다. 슬픈 일입니다.

강에 관한 이야기를 쓰면서 어릴 적 냇가를 자주 떠올렸습니다. 그리운 것은 늘 가슴을 아릿하게 합니다. 어른이 되어 강이 있는 곳에서 살기 시작했습니다. 냇가가 어린 시절의 정서를 풍요롭게 했다면, 강은 곁에 있는 그 자체만으로도 마음을 편안하게 합니다.

남한강, 낙동강에 이어 금강에 대해 쓰면서 강에 대한 애착이 더욱 깊어졌습니다.

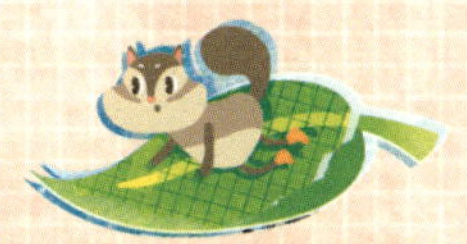

강은 인간의 역사와 늘 함께 합니다. 인간의 삶과 떼려야 뗄 수 없는 강의 유구한 역사 한 페이지를 들여다봅니다. 과거의 역사는 미래를 보여 줍니다. 현재 삶의 모습도 먼 훗날엔 기억해야 할 역사가 되겠지요. 후손들에게 아름다운 자연의 모습을 훼손하지 않은 그대로 남겨 주고 싶습니다.

금강을 따라 흐르는 역사와 문화, 사람들의 이야기가 생생한 숨결이 되기를 바랍니다.

사람뿐 아니라 생명이 깃든 모든 것이 행복했으면 좋겠습니다.

글쓴이 유명은

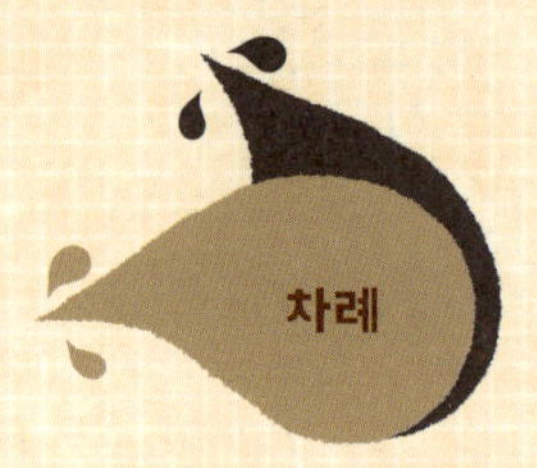
차례

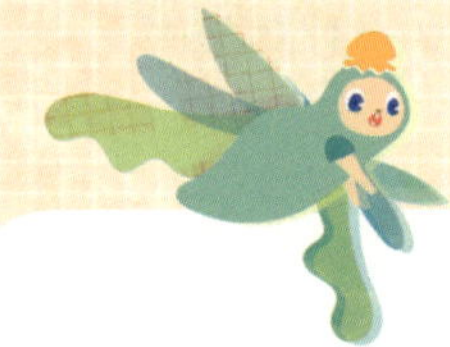

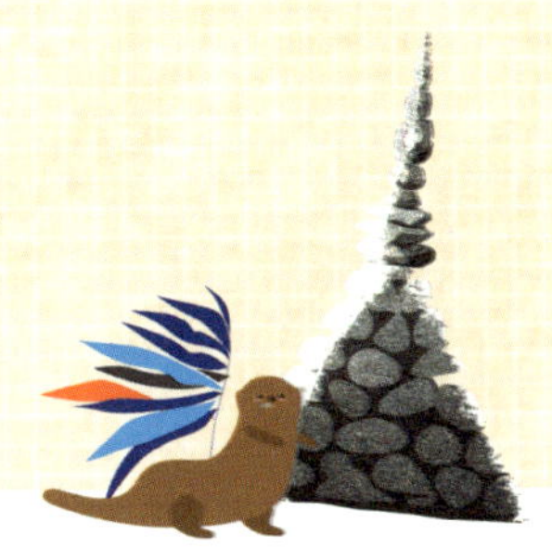

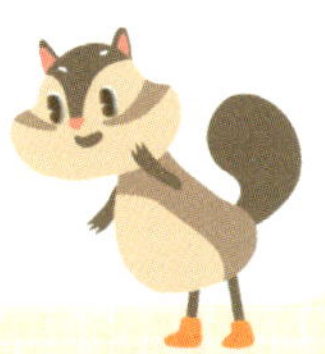

금강의 발원지 뜬봉샘

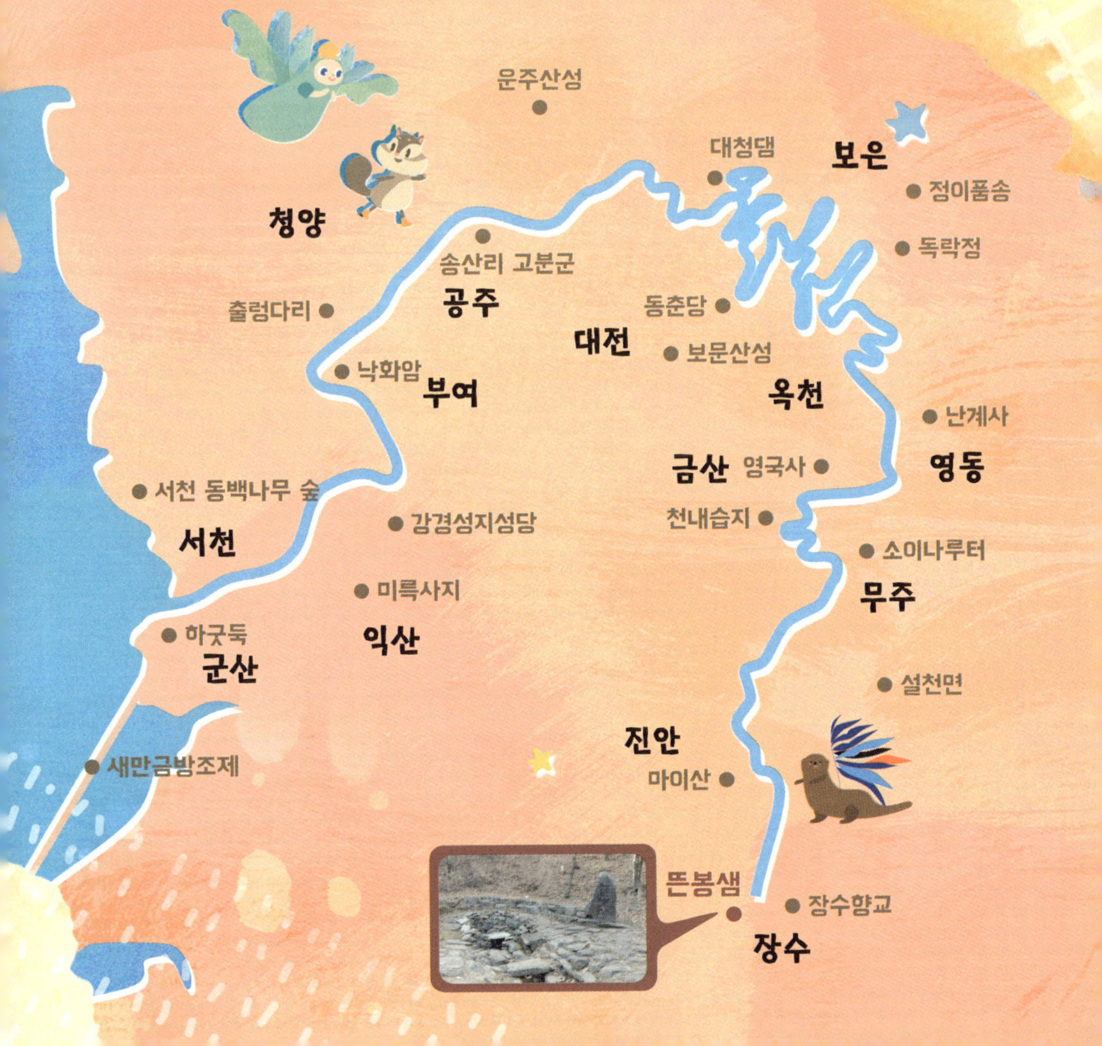

운주산성
대청댐
보은
정이품송
청양
독락정
송산리 고분군
공주
출렁다리
동춘당
대전
보문산성
낙화암
부여
옥천
난계사
금산
영국사
영동
서천 동백나무 숲
천내습지
강경성지성당
서천
소이나루터
미륵사지
무주
하굿둑
익산
군산
설천면
진안
새만금방조제
마이산
뜬봉샘
장수향교
장수

숲속의 요정 샤샤가 깊은 잠에서 깨어 기지개를 켰습니다. 기지개를 켜는 요정의 날개 위로 투명한 햇살이 비쳤습니다.

"아함, 잘 잤다. 햇살이 따스하니까 기분이 좋아지네."

요정 샤샤는 포르르 날아가서 나뭇가지에 앉았습니다.

"요정아, 안녕?"

숲속 친구들이 반갑다며 요정을 향해 인사했습니다.

"요정 샤샤와 숲속 친구들도 일찍 일어났구나. 아이, 목말라. 물을 마셔야겠어."

잣나무 위에서 다람쥐가 샘물이 있는 곳으로 달려갔습니

다. 다람쥐는 샘물을 맛있게 마셨습니다.

"이 샘물은 언제 마셔도 참 달단 말이야. 너무 맛있어."

물을 실컷 마신 다람쥐가 주변을 살폈습니다. 샘물을 마시는 다람쥐를 지켜보던 샤샤가 포르르 날아왔습니다.

"다람쥐야, 안녕? 오늘도 햇살이 참 예쁘지?"

"맞아. 하늘도 푸르고 햇살도 참 예뻐. 샘물을 마셔 봐. 무척 달고 맛있어."

"그러잖아도 목이 말라서 물을 마시러 온 거야."

요정 샤샤도 샘물을 맛있게 먹었습니다. 아침에 마시는 맑은 샘물은 다람쥐의 말처럼 무척 달고 맛있었습니다.

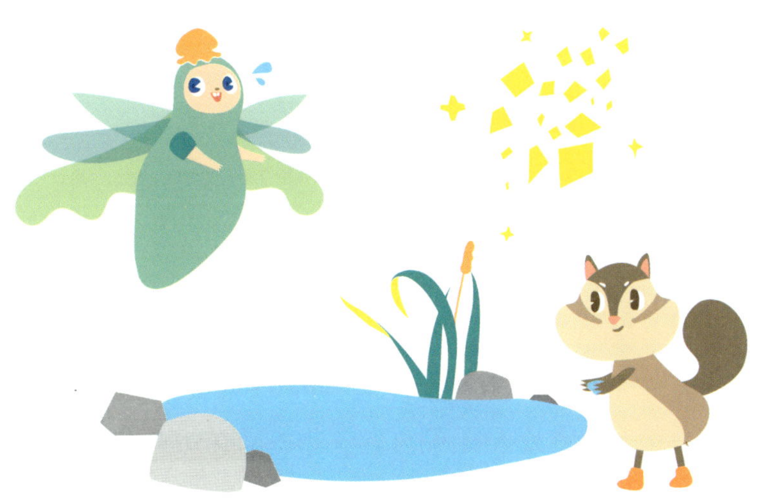

다람쥐와 요정 샤샤가 마신 샘물은 뜬봉샘에 있는 물입니다. 뜬봉샘은 금강이 처음으로 시작되는 곳입니다.

다람쥐가 뜬봉샘 주변을 날랜 몸짓으로 돌아다녔습니다.

"이 샘물을 마시면 기운이 샘솟는 것 같아."

샘물을 마신 요정 샤샤가 날개를 살랑거리면서 샘물 위를 날았습니다.

"맞아. 샘물이 맛있기도 하지만 뜬봉샘 물을 마시면 기운이 나는 것 같아. 샤샤야, 왜 그런지 너는 알아?"

다람쥐가 궁금한 듯 물었습니다.

"그럼, 알지. 이 샘물에서 봉황이 나왔기 때문이야."

"봉황이 나왔다고?"

"이 샘물에는 재미있는 전설이 있어. 알려 줄까?"

"궁금해. 어떤 전설인지 어서 들려줘."

다람쥐가 요정 샤샤 곁에 가까이 앉아서 귀를 쫑긋거렸습니다.

샘물에 얽힌 전설은 조선이 세워진 과거까지 거슬러 올라가야 합니다. 조선을 건국한 왕은 태조 이성계입니다. 이성계가 조선을 건국하기 전에 전라북도 장수군에 있는 신무산 중턱에 단을 쌓았습니다. 그러고는 하늘의 계시를 받기 위해 백일기도를 올렸습니다.

기도를 올린 지 백 일째 되는 날이었습니다. 갑자기 오색찬란한 무지개가 솟으면서 커다란 봉황이 날개를 크게 펼치며 나타났습니다. 기도를 올리던 이성계는 깜짝 놀라 넘어질 뻔했습니다. 봉황은 이성계를 향해 "새 나라를 열라."라는 소리를 남기고 화려한 날개를 펄럭이며 무지개를 타고 하늘로 올라갔습니다.

하늘을 나는 봉황을 바라보던 이성계는 얼른 봉황이 나타났던 자리로 가 보았습니다. 그 자리에는 맑은 물이 솟아나는 조그만 샘이 있었습니다. 이성계는 봉황이 하늘로 올라간 곳의 샘물을 떠서 정성스럽게 제사를 올렸습니다. 이후 이성계는 고려를 멸망시키고 조선을 건국하게 되었습니다.

봉황이 나타난 샘은 '봉황이 떠오른 샘'이라 하여 뜬봉샘이라고 불렀습니다.

조선을 건국한 태조 이성계가 하늘의 계시를 받은 곳으로 알려진 뜬봉샘은 옛날부터 신성한 장소로 여겨져 왔습니다. 뜬봉샘이 있는 신무산은 팔공산의 산줄기에서 나온 산신이 덩

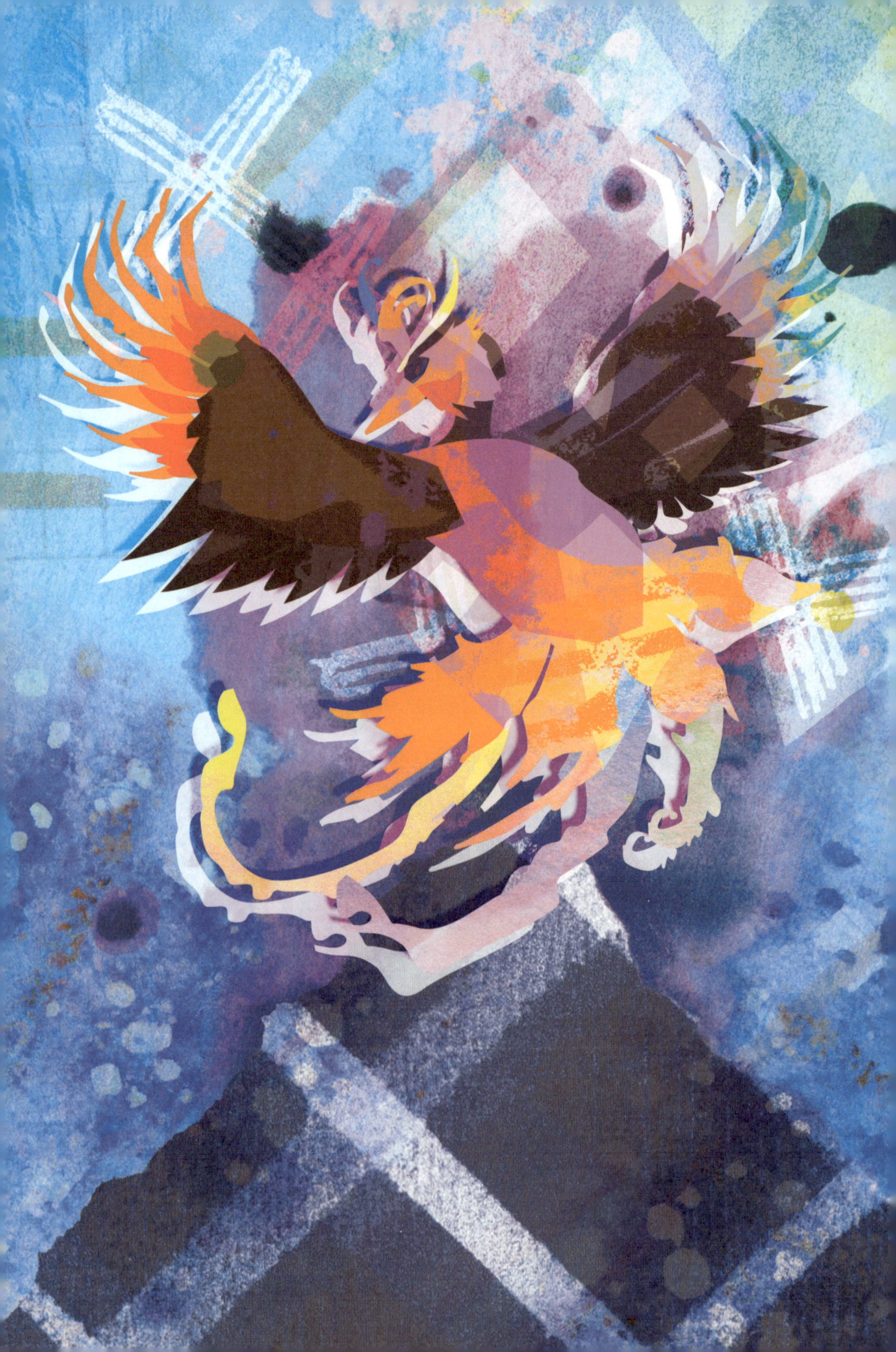

실덩실 춤을 추었다고 하여 지어진 이름이라고 합니다.

"이곳에서 봉황이 날아올랐다는 거지?"

다람쥐가 신기한 듯 뜬봉샘을 들여다보았습니다.

"그렇지. 다람쥐야, 옛날에는 이 샘물의 이름을 어떻게 불렀는지 알아?"

"뜬봉이 아니고 다른 이름도 있어?"

"조선 시대보다 더 옛날에는 뜬봉이 아니라 뜸봉이라고 불렀대."

요정 샤샤가 뜬봉샘 주변을 날아다녔습니다.

"뜸봉?"

"응. 마을의 재앙을 막고 풍년과 안전함을 기원하면서 신무산에 '뜸을 뜨듯' 봉화를 올렸기 때문에 뜸봉이라고 불렀대."

"그렇구나."

"뜬봉샘에는 옆새우와 민물 가재가 살고 있어."

"정말?"

다람쥐가 샘물을 들여다보았습니다.

"옆새우와 민물 가재는 맑은 물에서만 살아. 그만큼 뜬봉샘 물이 깨끗하다는 거야."

엺새우와 민물 가재는 물이 아주 맑은 1급수에서만 살 수 있습니다.

“다람쥐야, 너는 이 샘물이 있는 마을 이름을 알고 있니?”

“수분 마을이잖아.”

“맞아. 수분 마을은 아주 오래전부터 ‘물뿌랭이 마을’로도 불렸어. 물뿌랭이는 물뿌리의 사투리야. 물뿌리는 물에 떠 있는 식물이 물속에 내리고 있는 뿌리를 말해.”

“물뿌랭이? 이름이 참 예쁘다.”

“저기 작은 성당 보이지? 이곳 수분 마을은 오래전에 박해를 피해 피난 온 천주교인들이 성당을 짓고 살아서 천주교 마을이라고 알려져 있어.”

“아하, 그래서 천주교 마을이라고 하는구나.”

“다람쥐야, 우리 저 아래에 있는 뜬봉샘 생태 공원으로 놀러 갈까?”

요정 샤샤의 말에 다람쥐가 귀를 쫑긋 세웠습니다.

“그래, 놀러 가자.”

요정 샤샤와 다람쥐는 따사로운 햇살을 받으면서 뜬봉샘 생태 공원의 숲길을 걸었습니다. 숲길에는 소나무와 편백 나

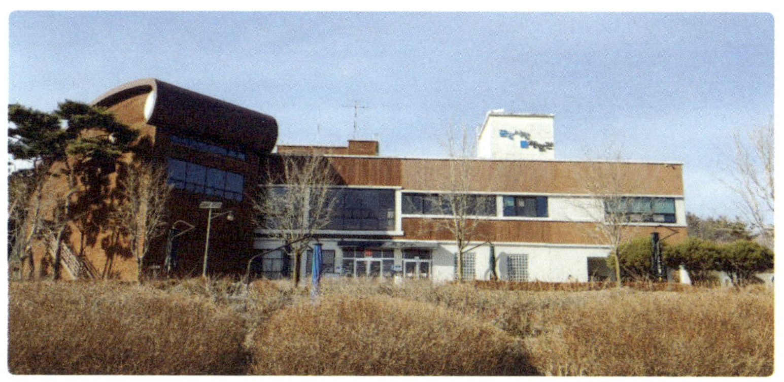

•생태 공원 내 금강사랑물체험관

무, 이름 모를 여러 나무가 요정 샤샤와 다람쥐를 반겨 주었습니다. 고풍스러운 나무들 사이로 빛나는 햇살이 너무도 예뻐서 가슴이 몽글거렸습니다.

뜬봉샘 생태 공원은 금강의 발원지인 뜬봉샘 주변에 있는 공원입니다. 금강사랑물체험관, 물의 광장, 미로원, 생태 탐방로 등이 있어서 많은 사람이 방문하고 있습니다.

뜬봉샘 생태 공원 안에 있는 생태 연못에는 수많은 수생 식물이 살고 있습니다. 금강의 역사와 생물 자원, 생태를 체험하면서 자연과 교감할 수 있는 뜬봉샘 생태 공원은 천연기념물 보호 치료소로 지정되었습니다.

생태 공원을 둘러본 요정 샤샤가 다람쥐에게 물었습니다.

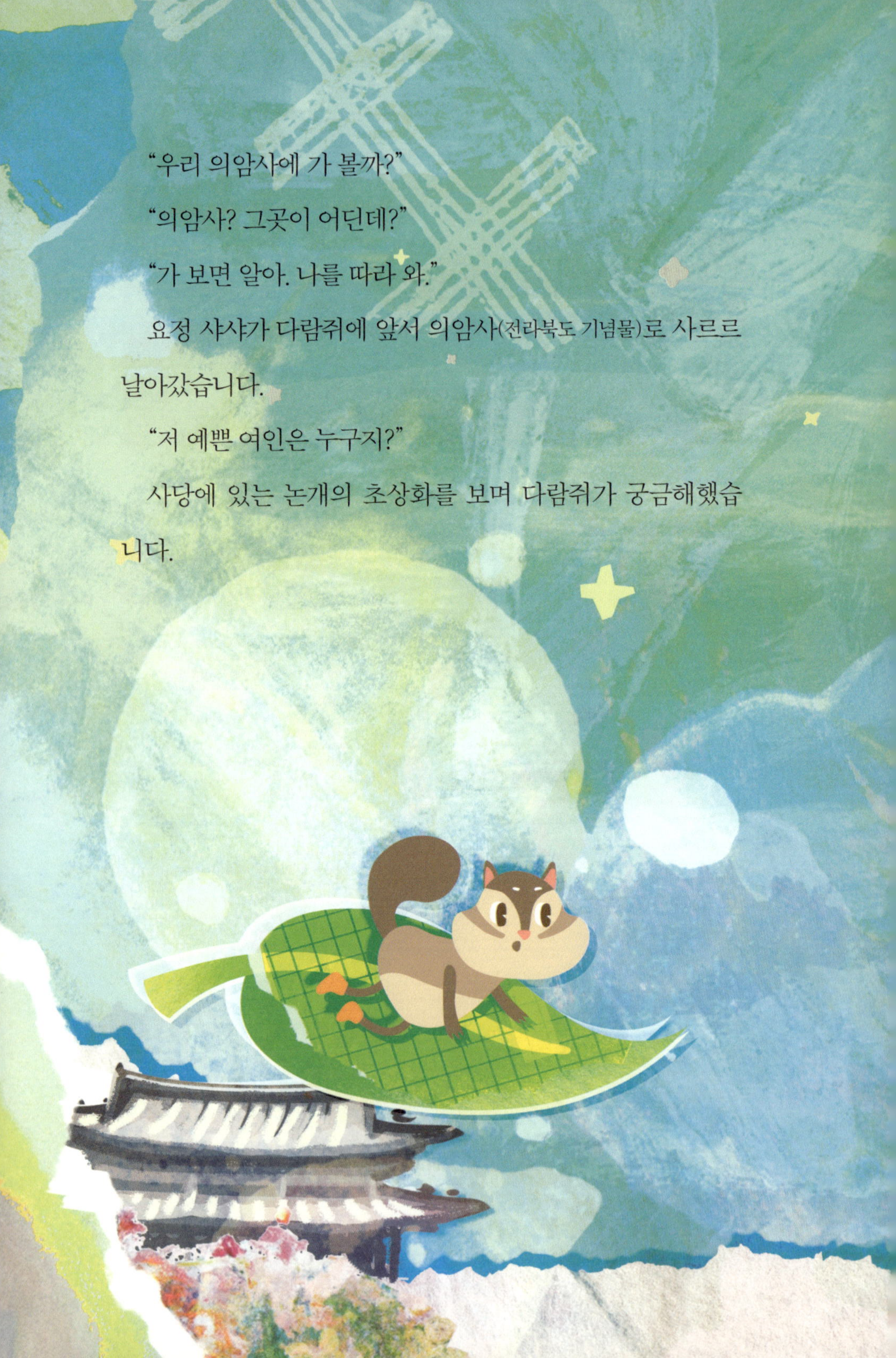

"우리 의암사에 가 볼까?"

"의암사? 그곳이 어딘데?"

"가 보면 알아. 나를 따라 와."

요정 샤샤가 다람쥐에 앞서 의암사(전라북도 기념물)로 사르르 날아갔습니다.

"저 예쁜 여인은 누구지?"

사당에 있는 논개의 초상화를 보며 다람쥐가 궁금해했습니다.

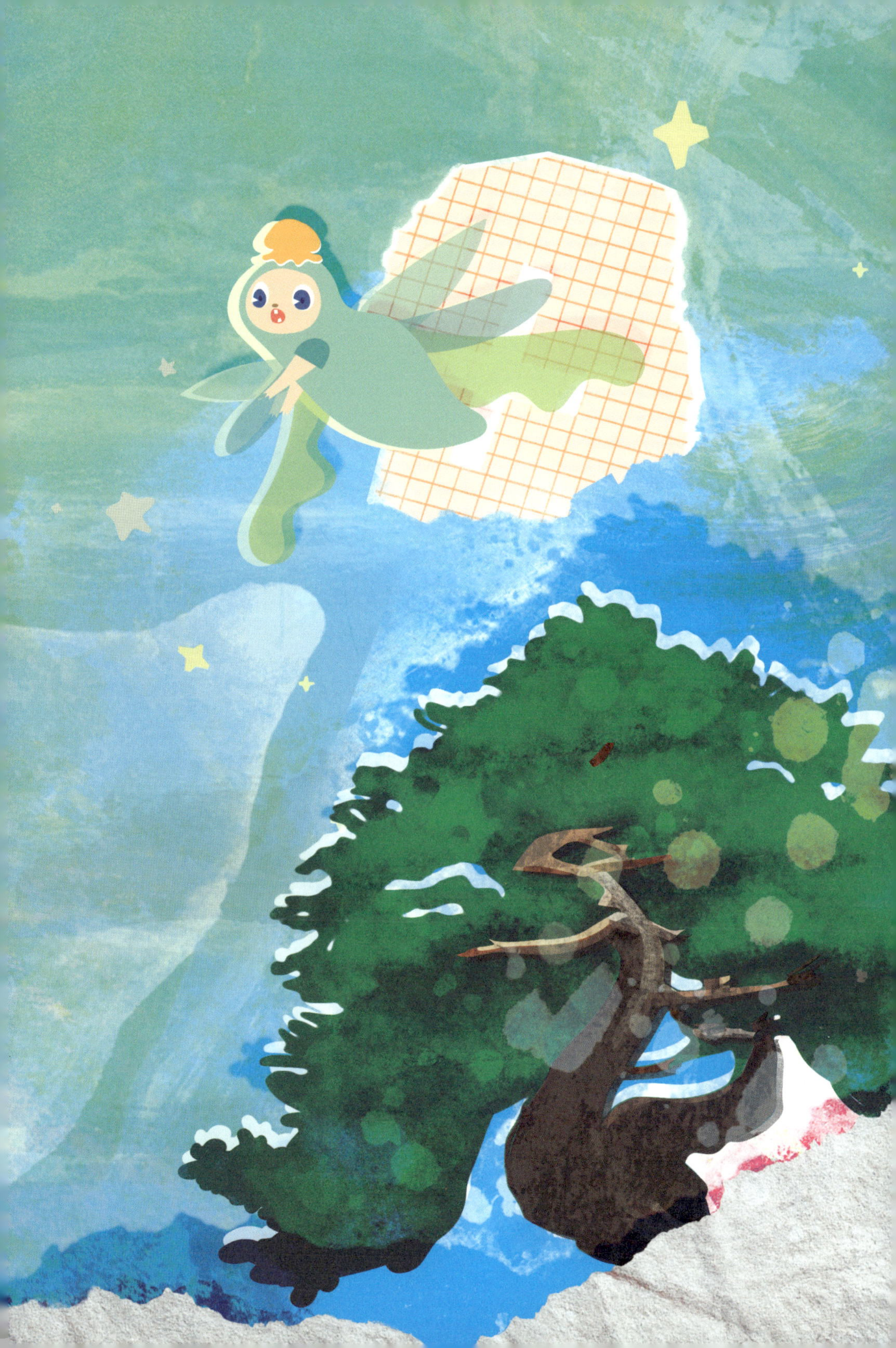

“초상화의 주인공은 논개라는 여인이야. 임진왜란 때, 진주성을 지키던 의병장 최경회 장군이 일본군에게 죽었어. 최경회의 부인이었던 논개는 남편의 원수를 갚기 위해 진주 촉석루에서 일본군 장수를 끌어안고 강으로 투신했어.”

“아하, 그렇구나. 조국과 남편의 복수를 한 멋진 여인이구나.”

“그렇지. 여자들도 나라와 가족을 지키기 위해서는 언제든 용감히 나설 수 있어. 이제 논개가 심었다는 소나무를 보러 갈까?”

다람쥐는 앞서가는 샤샤를 부지런히 따라갔습니다.

요정 샤샤와 다람쥐는 장수군청으로 갔습니다. 군청 앞마당에는 마치 용이 몸을 꼬고 있는 듯한 400년 된 소나무 의암송(천연기념물)이 있습니다. 의암송은 논개가 심었다고 합니다. 촉석루에서 논개가 의롭게 죽고 난 후, 사람들은 의암송을 논개의 절개를 상징하며 추모하고 있습니다.

장수 읍내에는 우리나라에서 가장 오래된 장수향교가 있습니다. 향교란 조선 시대 때 지방에서 선비들을 교육하기 위한 기관입니다. 장수향교는 조선 시대 향교 건축의 대표적 건물입니다.

"샤샤와 함께 많은 곳을 둘러보니까 너무 좋다. 샤샤는 요정이니까 많은 곳을 알고 있지?"

다람쥐가 부러운 눈빛으로 샤샤를 바라보았습니다.

"그렇지. 내가 다니지 않은 곳은 없으니까."

"좋겠다. 샤샤가 너무 부러워. 나는 내가 사는 숲 밖으로는 가 본 곳이 없어서 숲 밖의 세상이 너무 궁금해."

샤샤가 다람쥐의 말에 안타까운 표정을 지었습니다.

"그렇겠구나. 다람쥐는 여행을 다니지 못했겠네. 다람쥐야, 이번 기회에 나와 함께 금강을 따라서 여행을 하는 것은 어때?"

샤샤의 말에 다람쥐가 눈을 동그랗게 떴습니다.

"금강?"

"응, 우리가 샘물을 마셨던 곳이 금강이 시작되는 발원지니까 물길을 따라 금강의 끝까지 가 보는 거야."

"와! 멋진 생각이야. 어서 여행을 떠나자."

샤샤의 말에 다람쥐가 팔짝 뛰면서 기뻐했습니다. 숲속에서 샤샤와 다람쥐의 이야기를 듣고 있던 친구들은 다람쥐를 부러워했습니다.

장수, 금강의 발원지

뜬봉샘에서 시작하는 금강의 길이는 약 400km이다. 낙동강, 한강에 이어 우리나라에서 세 번째로 긴 강이다. 금강은 '비단의 강'이라는 뜻으로 '비단 물결 금강 천리'라고 부르며, 호수처럼 잔잔하다고 하여 '호강'이라고도 한다.

금강은 옛날부터 물길 교통이 발달하여 금강 유역을 중심으로 도시가 번성했다. 금강은 무주, 진안, 금산, 영동, 옥천, 보은, 청주, 대전, 세종, 공주, 청양, 논산, 부여, 서천, 익산을 지나 군산만에서 서해로 흘러간다.

금강의 발원지가 있는 장수군은 산과 물이 조화를 이룬 고장으로 '긴 물길'이라는 뜻이다. 금강의 시작점인 뜬봉샘이 있는 수분 마을은 '물이 마을을 나눈다.'라는 뜻으로, 샘에서 솟은 물이 마을의 북쪽으로 흐르면 섬진강, 남쪽으로 흐르면 금강이 되기 때문이다.

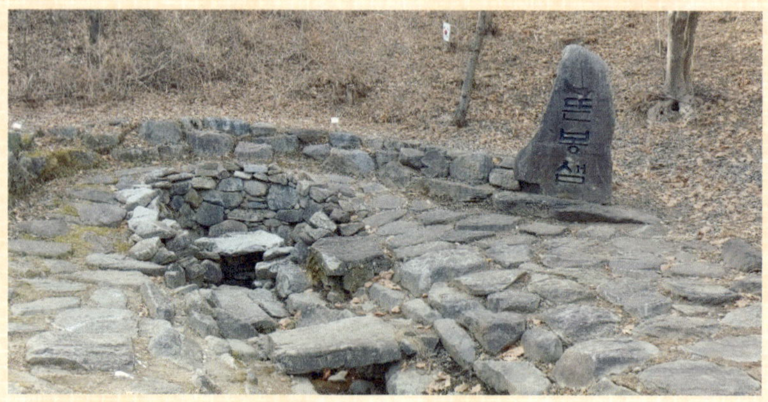

•뜬봉샘

천주교 신앙의 중심지, 장수성당 수분공소

장수성당 수분공소는 1920년대 한옥 성당의 모습을 잘 간직한 건축물로, 2005년에 대한민국 국가등록문화재 제189호로 지정되었다.

천주교를 믿는 사람들에 대한 박해가 심하던 1866년, 흥선대원군은 프랑스인 가톨릭 신부 아홉 명과 수천 명의 조선인 천주교 신자들을 처형했다. 그것을 병인박해 혹은 병인양요라고 한다. 이후로도 천주교에 대한 박해가 계속되자 천주교 신부님과 신자들은 박해를 피해 깊은 산골인 수분 마을로 피난하여 은신했다.

천주교에 대한 끝없는 박해에도 불구하고 천주교 신자들은 수분 마을에 성당을 지어 종교 생활을 이어나갔다. 그리하여 수분 마을은 천주교 신앙의 중심지가 되었다.

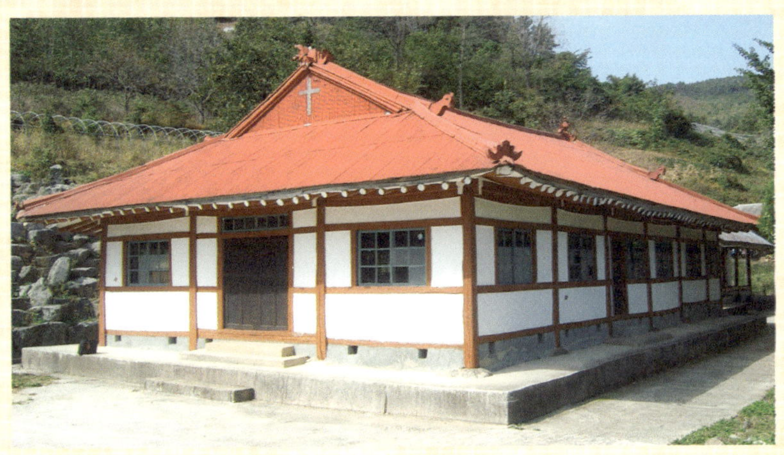

• 장수성당 수분공소 © 문화재청

말의 귀를 닮은 마이산

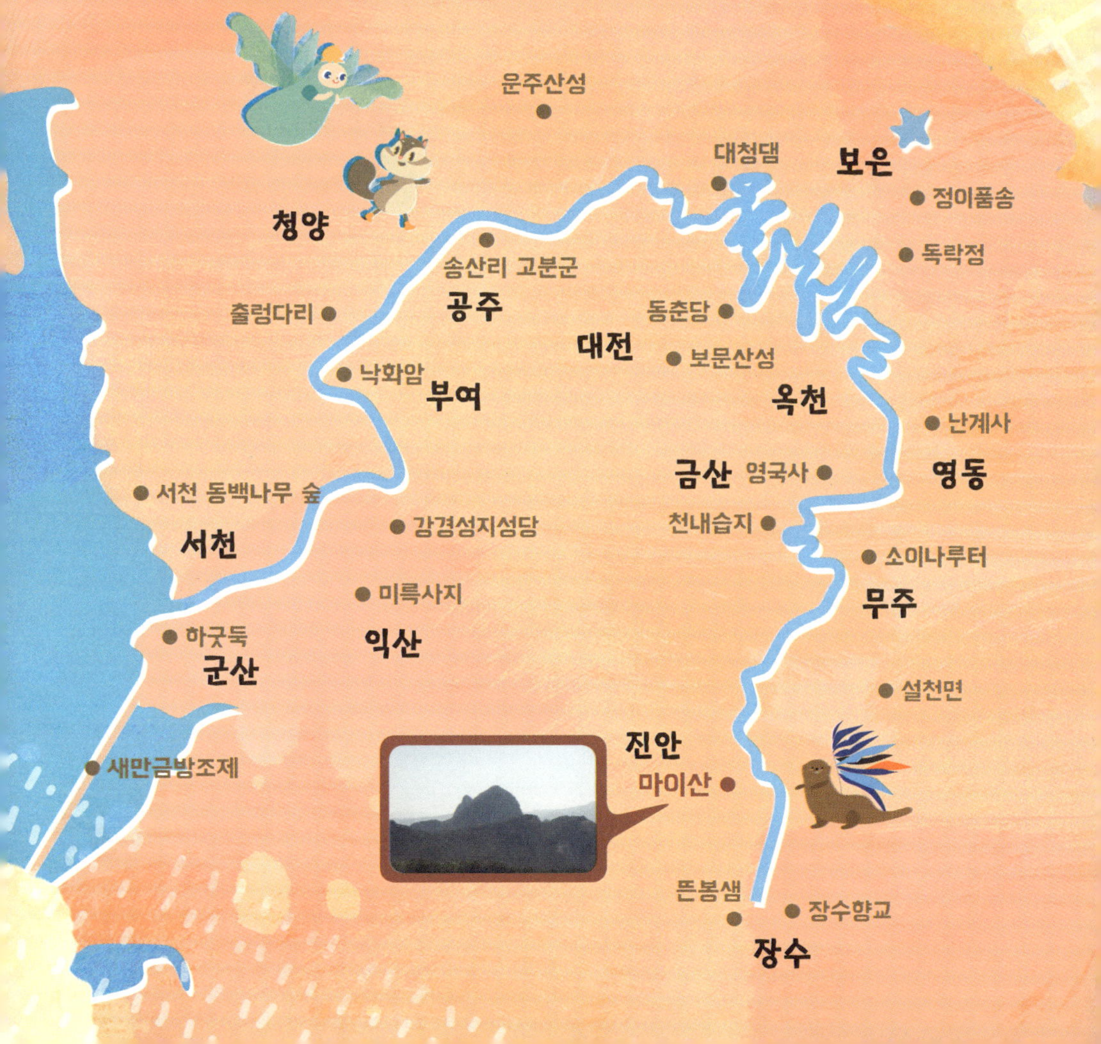

운주산성
대청댐
보은
정이품송
청양
독락정
송산리 고분군
공주
출렁다리
동춘당
대전
보문산성
낙화암
부여
옥천
난계사
금산
영국사
영동
서천 동백나무 숲
강경성지성당
천내습지
서천
소이나루터
미륵사지
무주
하굿둑
익산
군산
설천면
진안
새만금방조제
마이산
뜬봉샘
장수향교
장수

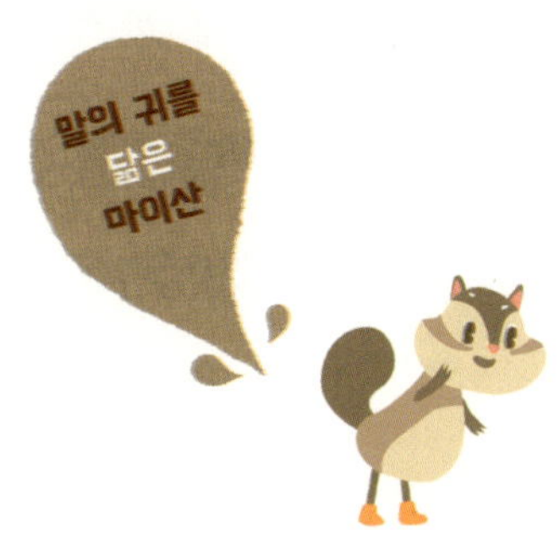

"와, 저 산 좀 봐. 너무 멋지다. 저 산에서 놀아야겠다."

다람쥐가 산을 향해 쪼르르 달려갔습니다. 요정 샤샤가 다람쥐를 따라 날아갔습니다. 샤샤와 다람쥐가 달려간 곳은 진안군의 명승지인 마이산입니다.

진안은 소백산맥과 노령산맥 사이에 있어 자연 경관이 빼어나고 각종 유물과 유적이 많습니다. 진안의 도립공원으로 지정된 마이산은 형상이 특이합니다.

"이 산은 마이산이야. 두 봉우리가 마치 말의 귀를 닮았다고 해서 마이산이라고 해."

샤샤의 말에 다람쥐가 눈을 동그랗게 떴습니다.

"산이 말의 귀를 닮았다고? 왠지 이 산에서 놀면 더 신날 것 같아."

샤샤와 다람쥐는 참나무 위로 올라갔습니다. 바람이 살랑살랑 간지럽게 불어왔습니다.

마이산은 신라 시대에는 서다산이라고 하였으며, 고려 시대에는 용출산이라고 불렀습니다. 산이 말의 귀와 같다고 하여 마이산이라고 부르게 된 것은 조선 시대부터입니다.

"마이산은 계절에 따라 산의 봉우리 모양이 다르게 보여서 계절마다 다른 이름으로 부르기도 해."

"산에 이름이 많다고?"

다람쥐가 궁금한 듯 샤샤를 바라보았습니다.

"응. 봄에는 안개 속에 보이는 두 봉우리가 쌍돛배를 닮았다고 해서 돛대봉이라고 해. 여름에는 숲속에 사는 용의 뿔처럼 보인다고 해서 용각봉, 가을에는 말의 귀를 닮았다고 해서 마이봉, 겨울에는 하얀 눈이 덮인 들판에 눈이 쌓이지 않은 봉우리가 먹물을 찍은 붓 끝처럼 보여서 문필봉이라고 부르기도 해."

"계절에 따라 산의 모습이 달리 보인다니 정말 재미있네."

"그렇지? 마이산에는 암마이봉과 수마이봉이 있어. 우리 암

마이봉에 가 볼까?"

마이산에는 볼거리가 많았습니다. 암마이봉으로 놀러 간 샤샤와 다람쥐가 깜짝 놀랐습니다.

"우와, 이 탑은 뭐지? 돌로 쌓은 탑이 무척 많아."

암마이봉 남쪽 기슭에는 탑사(전라북도 기념물)가 있습니다. 높게 쌓아 올린 돌탑 주변을 돌아보며 샤샤와 다람쥐가 감탄했습니다. 그때 탑 주변에 있던 소나무에서 청솔모가 내려왔습니다.

"너는 이곳에 사는 다람쥐가 아닌가 보구나. 처음 보는 다람쥐야."

청솔모의 말에 샤샤와 다람쥐가 청솔모에게 다가갔습니다.

"맞아. 나는 저 멀리 뜬봉샘이 있는 곳에서 왔어. 요정 샤샤와 함께 금강을 따라 여행을 다니는 중이란다."

"요정과 함께 여행이라니, 정말 멋지다! 나는 이곳을 벗어난 적이 없어."

청솔모가 부러움 가득한 눈빛으로 돌탑에 앉아 있는 다람쥐와 샤샤를 보았습니다.

"그렇구나. 너도 우리와 함께 여행을 떠날래?"

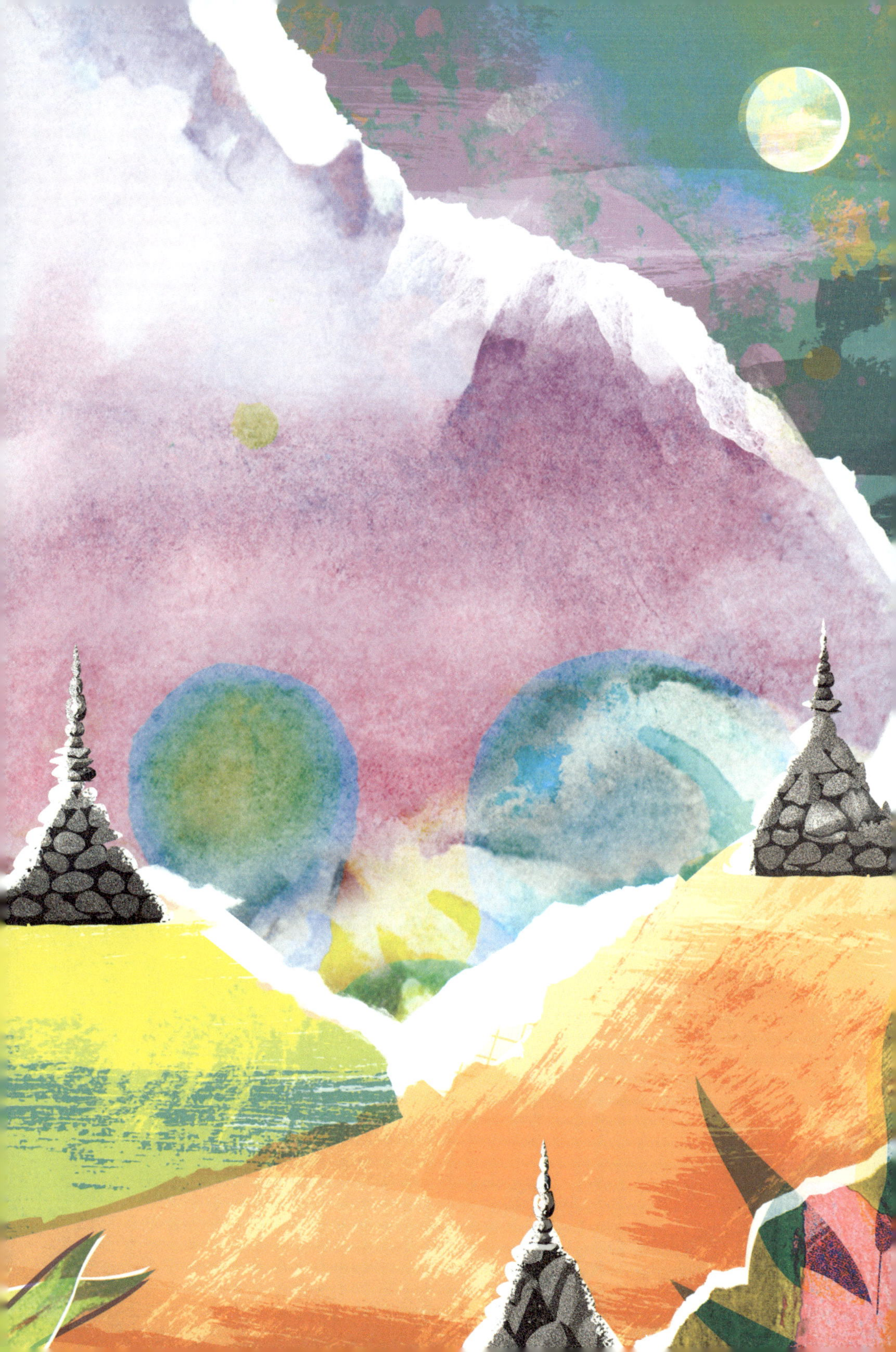

"그러고 싶지만 지금은 아니야. 아기가 태어난지 얼마 안 되었거든."

청솔모가 자랑스러운 듯 함빡 웃었습니다. 사샤와 다람쥐가 청설모를 축하해 주었습니다.

"청솔모야, 너는 이곳에 살고 있으니 이 탑이 무언지 알고 있지?"

다람쥐가 탑을 올려다보며 물었습니다.

"이 돌탑은 100년 전부터 사람들이 돌을 쌓아서 만든 거야. 굉장히 많지? 돌탑은 80개가 넘는단다."

"우와아! 그렇게나 많아?"

사샤와 다람쥐의 눈이 동그래졌습니다.

"돌탑을 쌓아 올린 지 100여 년이 지났는데도 무너지지 않고 있다니, 정말 놀랍다. 사람들은 이 돌탑을 어떻게 쌓았지?"

"이 돌탑들은 강한 비바람과 태풍에도 쓰러지지 않을 만큼 아주 절묘하고 견고하게 만들어졌어. 사람들이 무언가 절실하게 기도하는 마음으로 이 돌탑을 쌓아서 그런 거 아닐까?"

사샤와 다람쥐가 연신 감탄했습니다. 돌탑 주변을 둘러보는 다람쥐와 사샤에게 청솔모가 말했습니다.

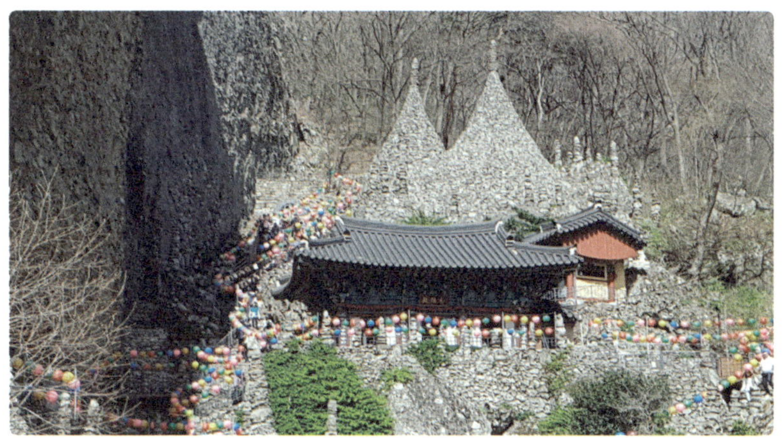

•마이산 탑사

“100년이 넘는 세월에도 견고하게 서 있는 돌탑은 사람들의 죄를 속죄한다는 뜻으로 만불탑이라고도 불러. 사람들은 이 돌탑에 소원을 빌기도 한대. 너희들도 소원을 빌어 봐.”

청솔모의 말에 다람쥐가 샤샤를 바라보았습니다.

“샤샤, 우리도 소원을 빌자.”

“그럴까?”

샤샤와 다람쥐는 돌탑을 돌면서 서로 오래도록 함께 여행하면서 곁에 머물 수 있기를 기도했습니다. 청솔모도 샤샤와 다람쥐의 뒤를 따라가며 아기 청솔모가 건강하게 자라기를 소원했습니다.

청솔모가 수마이봉을 가리켰습니다.

"저쪽에는 수마이봉이 있어. 수마이봉 중턱에 있는 화암굴 속의 약수를 마시고 나서 산신에게 빌면 아들을 얻는다는 이야기가 전해지고 있단다."

"그렇구나. 사람들이 소원을 빌기 위해서 마이산을 많이 찾고 있는 것 같아."

청솔모의 말에 샤샤와 다람쥐가 고개를 끄덕였습니다.

"청솔모 덕분에 마이산에 대해 많은 것을 알게 되었어. 고마워."

"너희들의 여행에 도움이 되었다니 나도 좋아. 이제 나는 아기가 기다리는 집으로 돌아가야 해. 여행이 즐겁기 바라."

샤샤와 다람쥐는 청솔모와 아쉬운 작별 인사를 주고받았습니다.

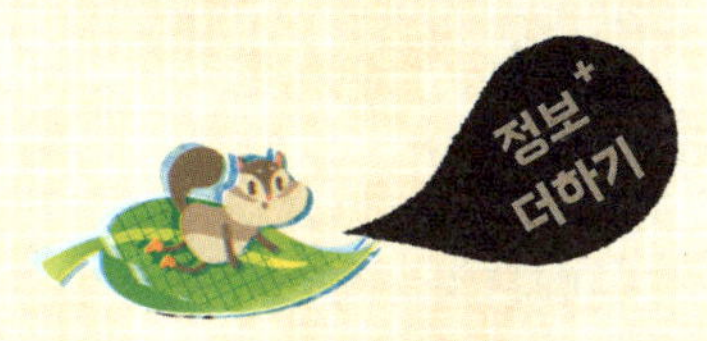

마이제

진안에서는 매년 10월 11일과 12일 이틀에 걸쳐 마이제를 개최한다. 마이제는 조선의 태종이 1413년 10월 12일에 마이산을 찾아온 날을 기념하고, 군민의 화합과 풍년을 기원하는 축제이다.

마이제 축제에서는 산제를 지내고 전통 궁중무용인 '몽금척무'를 추며 농악경연대회, 체육대회 등 각종 행사가 진행된다.

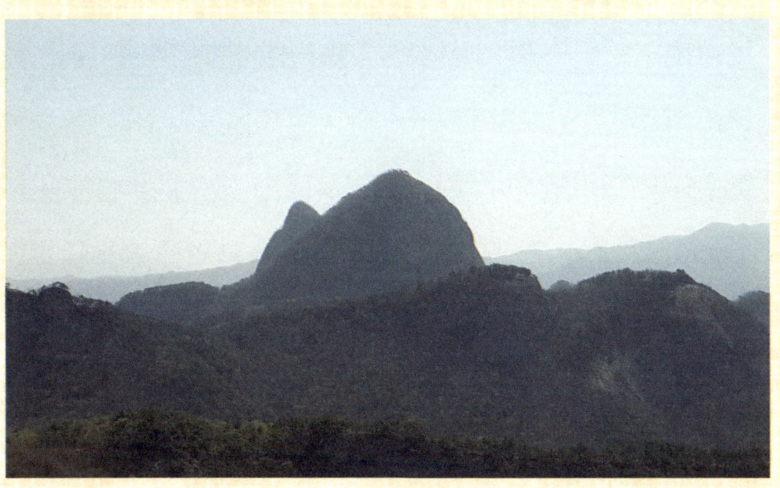

•마이산

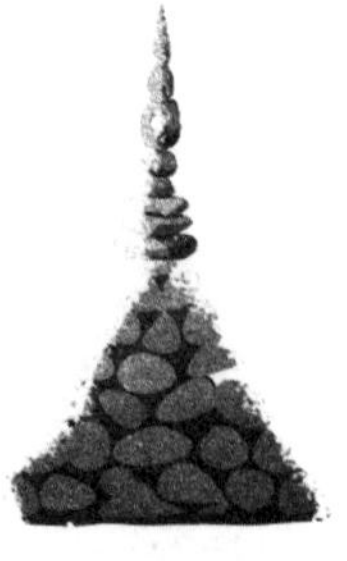

3

별꽃 반딧불이

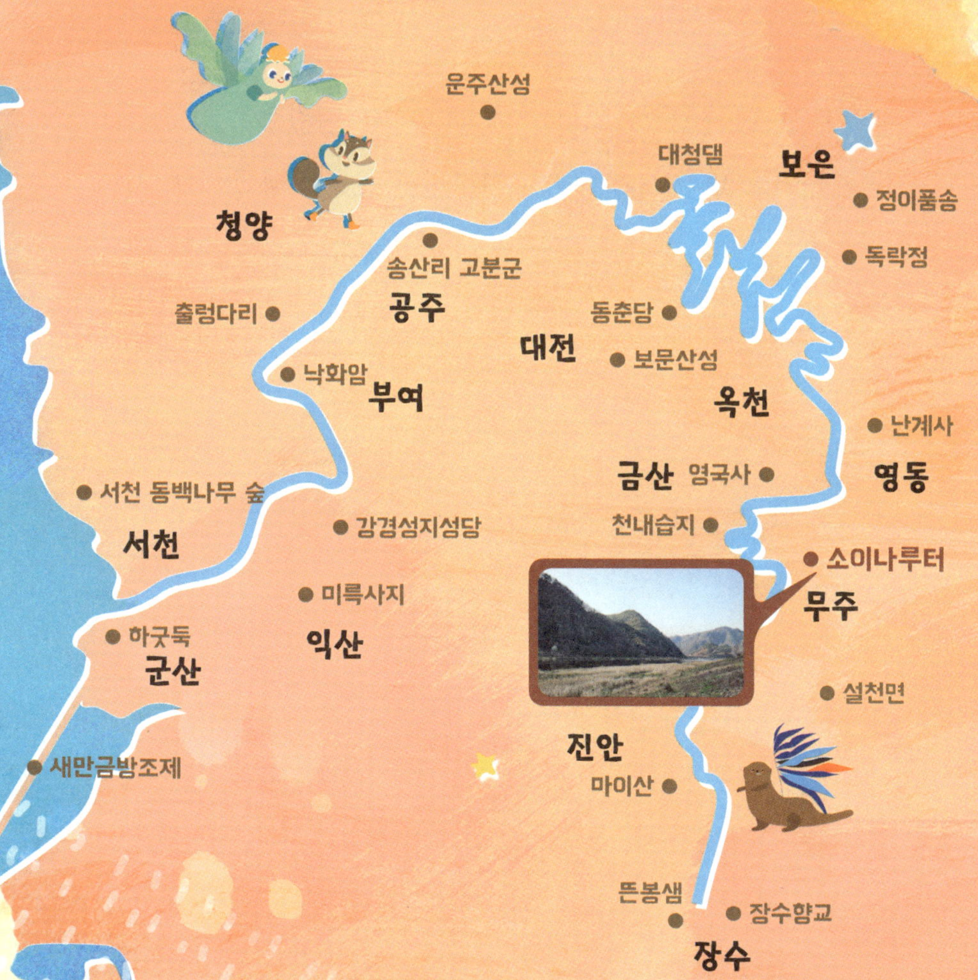

운주산성
대청댐
보은
정이품송
청양
송산리 고분군
독락정
공주
출렁다리
동춘당
대전
보문산성
낙화암
부여
옥천
난계사
금산
영국사
영동
서천 동백나무 숲
서천
강경성지성당
천내습지
소이나루터
미륵사지
무주
하굿둑
익산
군산
설천면
진안
새만금방조제
마이산
뜬봉샘
장수향교
장수

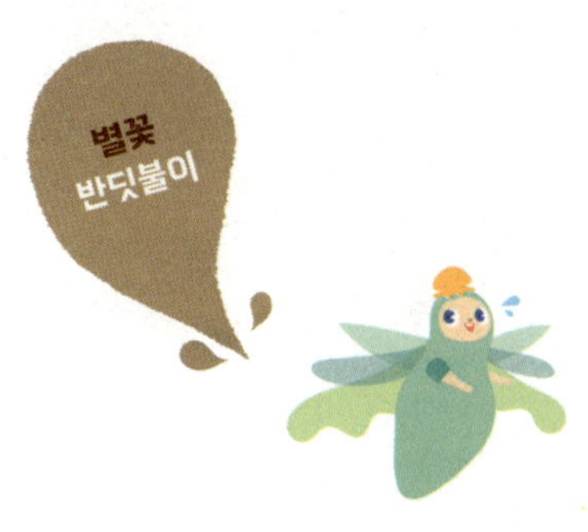

마이산 돌탑에서 소원을 빈 샤샤와 다람쥐는 청솔모와 헤어지고 무주로 왔습니다. 무주에 도착하니 깜깜한 밤이 되었습니다. 샤샤와 다람쥐는 숲속 나무 아래 굴을 찾아서 잠을 잤습니다.

"저게 뭐지? 아기별처럼 반짝반짝 빛나는 것들이 춤을 추고 있어."

깊은 밤, 잠에서 깬 다람쥐가 놀라서 샤샤를 깨웠습니다. 눈을 비비며 일어나던 샤샤가 어리둥절한 표정을 지었습니다.

별꽃 같은 무리가 반짝반짝 빛을 내며 어두운 하늘을 날고 있었습니다. 환상적인 별빛에 휩싸인 다람쥐가 별꽃을 잡으려고 폴짝 뛰자 별꽃이 사르르 날아갔습니다. 별꽃을 따라 샤샤도 날갯짓을 했습니다. 어두운 밤에 핀 별꽃은 참으로 신비하고 아름다웠습니다.

무주의 설천면은 배의 끝마디에서 빛을 내뿜는 곤충인 반딧불이가 유명합니다.

샤샤가 반짝이는 불빛을 내며 날아가는 반딧불이에게 말을 걸었습니다.

"안녕? 난 샤샤라고 해. 내 옆에는 다람쥐야. 아름다운 별빛처럼 빛나는 너의 이름은 뭐야?"

반딧불이가 샤샤와 다람쥐를 보며 방긋 웃었습니다.

"나와 내 친구들의 이름은 반딧불이야."

"반딧불이! 이름도 예쁘구나!"

샤샤와 다람쥐가 감탄했습니다.

반딧불이는 애반딧불이와 늦반딧불이 두 종류가 있습니다. 여름이 시작되는 6월과 7월에는 유충 시절에 다슬기를 먹으며 물속에서 사는 애반딧불이를 볼 수 있습니다. 8월과 9월에는 달팽이와 고둥 등을 먹으며 수풀 속에서 사는 늦반딧불이 유충이 있습니다.

다람쥐와 사샤 주위로 반딧불이 친구들이 모여들었습니다. 그러자 주변이 환해졌습니다.

"반딧불이와 함께 있으니까 마치 별이 가득한 우주에 온 것 같아. 어둠을 비추는 별꽃이 이렇게 많다니. 너무 아름다워."

사샤와 다람쥐가 황홀한 표정을 지었습니다.

"반딧불이는 우리 몸의 꽁무니에서 반짝반짝 빛을 내기 때문에 붙여진 이름이야. 사람들은 우리를 개똥벌레라고 부르기도 해. 호롱불을 살 수 없었던 옛날에 가난했던 선비들은 밤에 우리의 빛을 모아서 글을 읽으며 공부했다는 이야기도 있어."

반딧불이의 말에 요정 사샤와 다람쥐가 깜짝 놀랐습니다.

"진짜? 반딧불이의 빛을 모아 공부한 사람들은 모두 장원 급

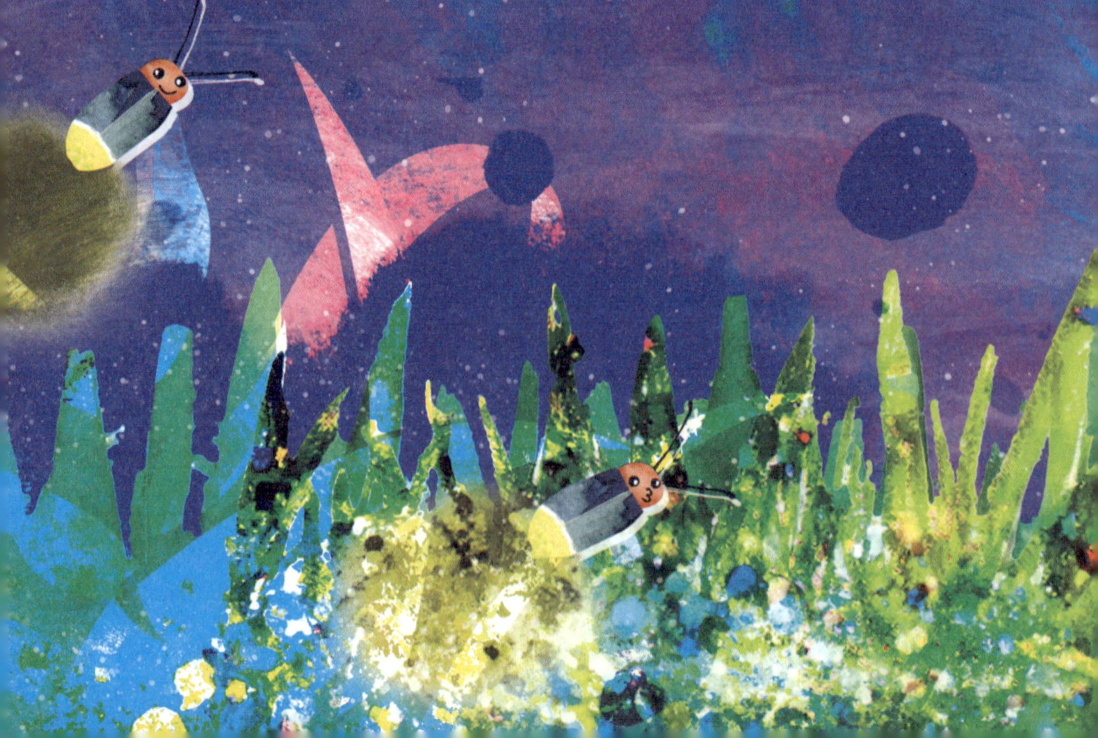

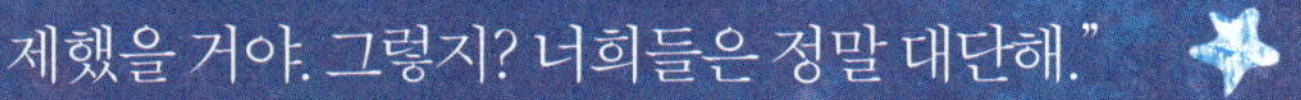

제했을 거야. 그렇지? 너희들은 정말 대단해."

다람쥐의 말에 반딧불이들이 자랑스럽다는 듯 반짝반짝 빛을 내며 날았습니다.

반딧불이를 모아 그 빛에 의지해 공부하는 것을 고사성어로는 '형설지공(螢雪之功)'이라고 합니다.

"너희들처럼 그렇게 아름다운 별빛을 내려면 무얼 먹어야 해? 너무 궁금해."

다람쥐가 궁금한 듯 반딧불이에게 물었습니다.

"애벌레일 때는 다슬기나 고둥 등을 먹는데 다 자라면 물만 먹고 살아."

"반딧불이는 물만 먹고 산다고? 에휴, 나는 절대로 물만 먹

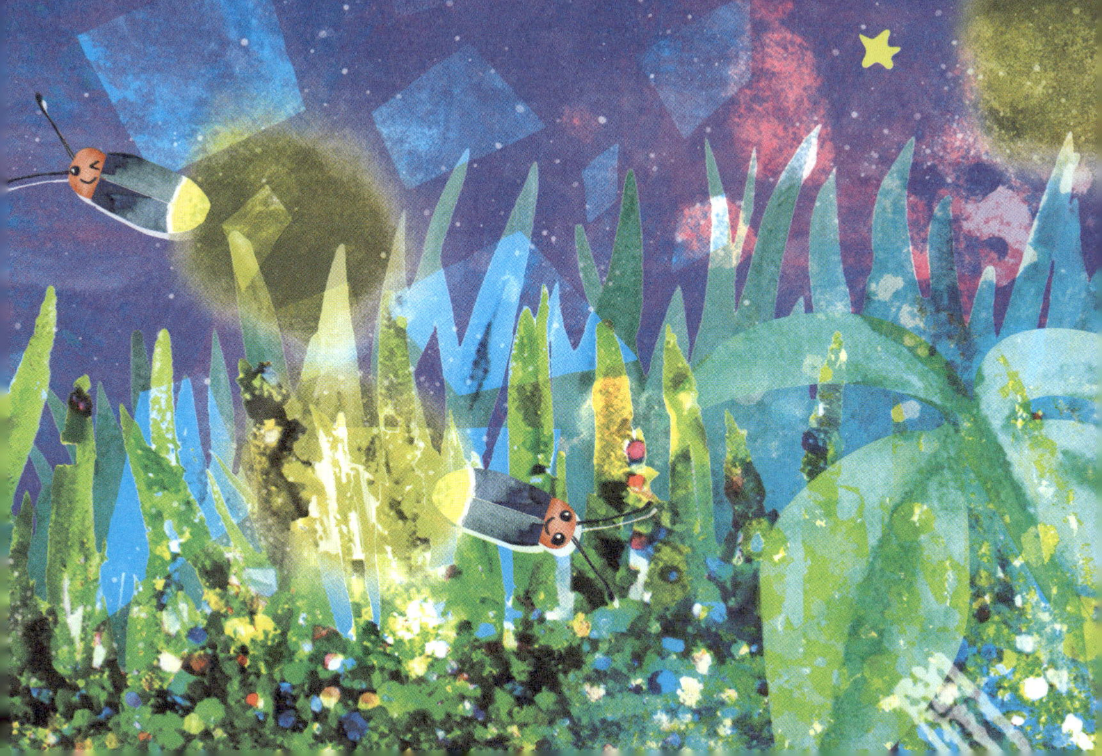

고는 살 수 없어. 도토리랑 밤도 먹어야 해. 나는 절대로 꼬리에서 반짝거리는 빛을 낼 수 없겠구나!"

낙담한 다람쥐의 말에 샤샤와 반딧불이 친구들이 웃었습니다.

"다람쥐야, 너는 오래 살 수 있잖아. 물만 먹고 사는 우리는 2주일 정도밖에 살지 못한단다. "

반딧불이의 말에 샤샤와 다람쥐가 놀랐습니다. 2주일밖에 살지 못한다니, 가슴이 너무 아팠습니다.

"우리는 어두운 밤을 밝히면서 우리 나름대로의 사명을 다하고 있어. 그러니 너무 슬퍼하지 마."

"그래도 2주일은 너무 짧아!"

"옛날에는 밤이 되면 우리 친구들을 어디서든 많이 볼 수 있었어. 그런데 이제는 환경이 오염된 곳이 많고, 우리가 사는 서식지가 거의 파괴되었어. 그래서 우리 반딧불이는 멸종 위기란다. 2주일만 사는 것보다도 반딧불이 자체가 사라질 수 있다는 사실이 너무나 슬퍼."

"정말? 이렇게 예쁜 별꽃 반딧불이가 멸종될지도 모른다니 너무 안타까워 눈물이 나네."

사샤와 다람쥐는 너무 슬퍼서 눈물을 흘렸습니다. 아름다운 별꽃 같은 반딧불이가 살 곳이 없어서 멸종될 수 있다니 믿을 수가 없었습니다. 반딧불이들이 가슴 아파하는 사샤와 다람쥐를 위로했습니다.

사샤와 다람쥐는 반딧불이의 반짝이는 빛을 받으며 오랜 시간 도란도란 이야기를 나누었습니다.

청정 지역인 무주에서는 매년 여름이면 반딧불이 축제가 열립니다. 밤이 되면 야외에서 반딧불이를 볼 수 있습니다.

아침이 되어 반딧불이와 헤어진 요정 사샤와 다람쥐는 반디랜드로 놀러 갔습니다. 반디랜드는 곤충박물관, 천문과학관, 청소년 수련원과 야영장, 환경 테마 공원 등이 모여 있는 생태문화 체험 명소입니다.

곤충박물관에는 2,000여 종에 1만 3,500마리의 전 세계 희귀 곤충 표본과 화석이 전시되어 있습니다. 바닷속 친구들을 볼 수 있는 수족관, VR 체험관, 예체문화관, 생태 온실도 있습니다. 생태 온실에는 200여 종의 열대식물이 전시되어 있습니다.

"반디별천문과학관에서는 밤이 아닌 낮에도 별을 관측할

수 있어."

"우와! 너무 멋지다. 완전 새로운 세계야."

다람쥐와 샤샤는 감탄하느라 입을 다물 수가 없었습니다. 다람쥐와 샤샤는 시간 가는 줄 모르고 반디랜드에서 즐겁게 놀았습니다.

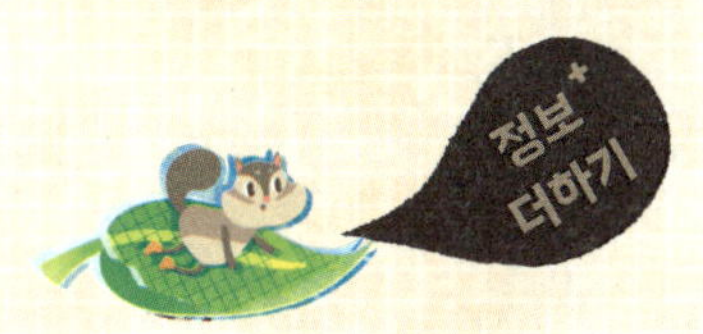

소이진 나루

금강을 경계로 충남 금산군과 경계를 이루고 있는 서면 마을에는 소이진 나루터가 있었다. 소이진 나루터는 무주와 금산을 잇는 주요 교통 요충지였다. 한양에서 내려오는 사관의 행렬과 관리들의 행차가 잦고, 용포교가 가설되기 전까지는 버스와 우마차를 실어 나르던 곳이었다.

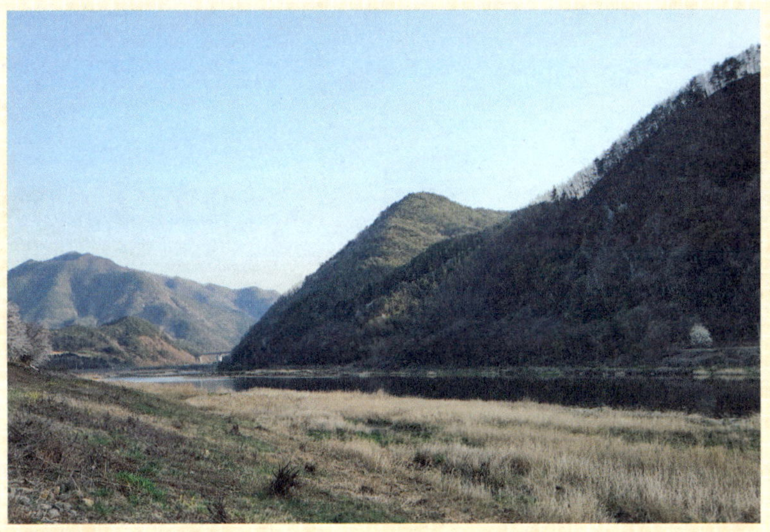

•소이나루터

소이진 섶다리

섶다리는 나무로 기둥과 뼈대를 삼고, 그 위에 솔가지와 흙을 얹어 만들었다. 강물이 불어나 소실 되면 서면 마을 사람들은 다시 섶다리를 만들었다고 한다.

『신증동국여지승람』 기록에는 "겨울에는 다리로 건너고 여름에는 배로 건넌다."라고 전해진다.

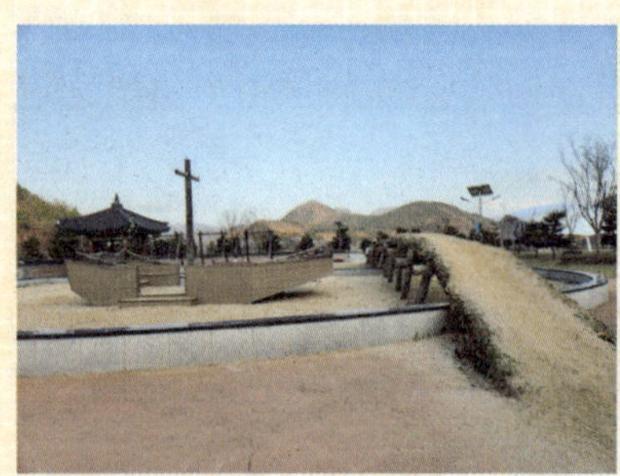
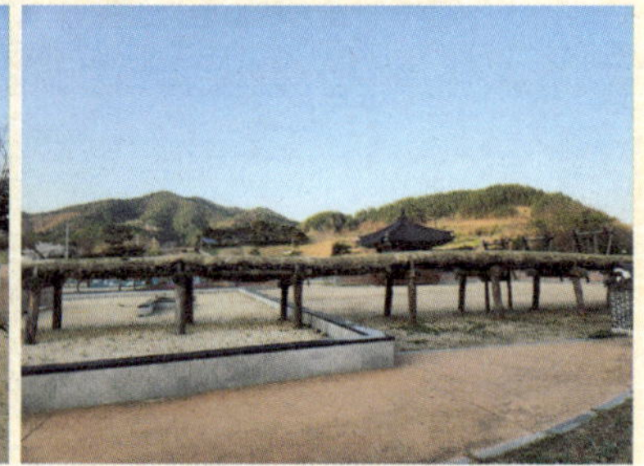

• 소이나루공원 내 섶다리 모형

붉은 바위와 적벽강

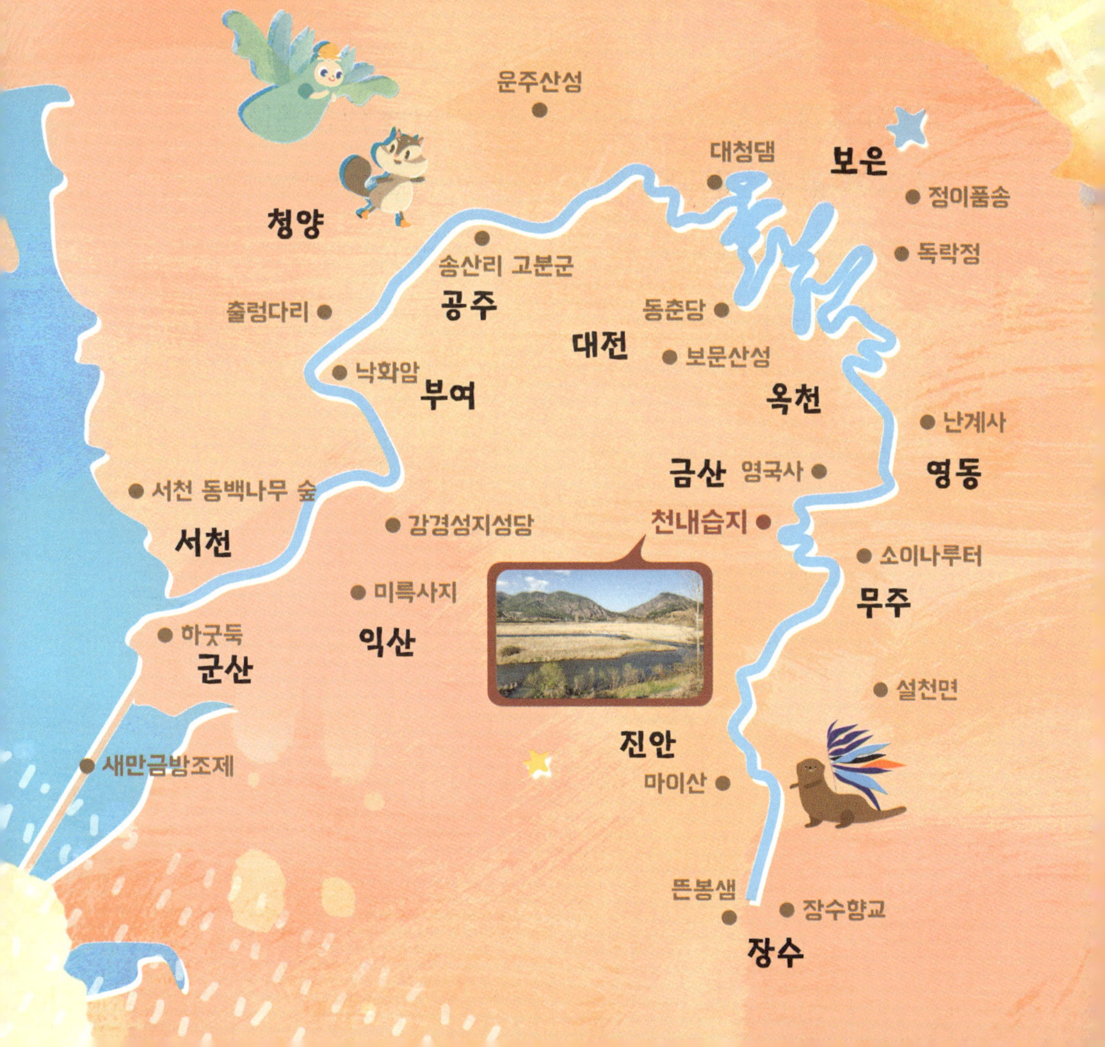

운주산성
대청댐
보은
정이품송
청양
독락정
송산리 고분군
공주
출렁다리
동춘당
대전
보문산성
낙화암
부여
옥천
난계사
금산
영국사
영동
서천 동백나무 숲
서천
강경성지성당
천내습지
소이나루터
미륵사지
무주
하굿둑
군산
익산
설천면
진안
새만금방조제
마이산
뜬봉샘
장수향교
장수

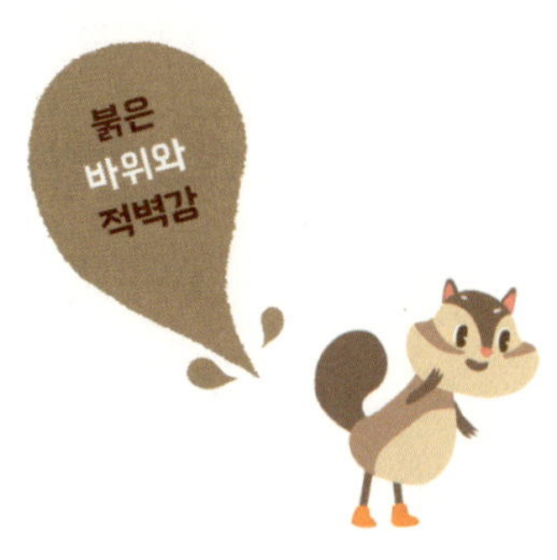

"드디어 적벽강에 왔구나. 적벽강은 내가 무척 좋아하는 곳이야."

샤샤가 날개를 포르르 떨며 반가워했습니다.

적벽은 절벽의 암석과 자갈돌이 붉은색이라 붙여진 이름입니다. 붉은 절벽 아래에는 맑은 강물이 흐르는데, 적벽 아래 흐르는 금강을 적벽강이라고 부릅니다. 적벽강은 붉은 바위와 자갈, 강물이 영롱하고 신비로운 절경을 펼치고 있습니다.

"다람쥐야, 하늘이 푸른 가을에 이곳에 오면, 산에 있는 빨간 단풍이 강물에 비치는데, 어느 것이 진짜 산인지 모를 정도로 아름답단다."

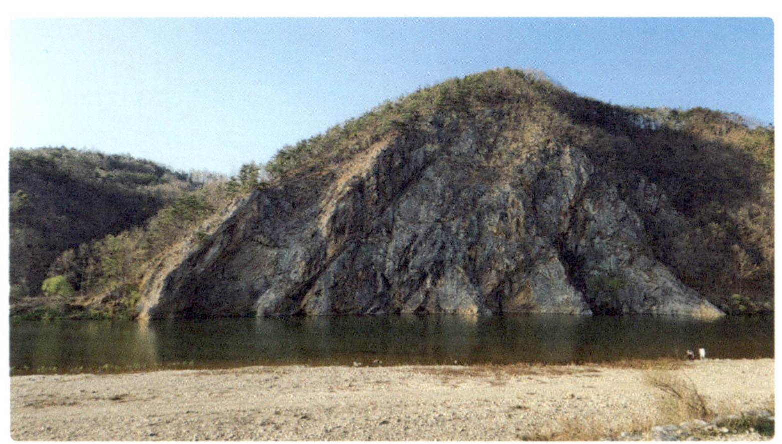

•적벽강

"샤샤는 이곳에 자주 왔나 보구나. 정말 아름다운 곳이야."

"응, 나는 이곳 풍경이 좋아서 자주 오곤 했어. 이곳은 계절 따라 풍경이 모두 달라서 예술 작품을 보는 것 같아. 이 멋진 곳을 다람쥐랑 함께 오니까 더 좋아."

요정 샤샤의 말에 행복해진 다람쥐가 폴짝폴짝 뛰었습니다. 그 모습이 귀여워서 샤샤도 웃었습니다.

샤샤와 다람쥐는 적벽강의 아름다움을 만끽한 후 천내습지로 갔습니다. 습지란 물기가 많아 축축한 땅을 말합니다.

천내습지는 금강에서 가장 큰 자연형 습지입니다. 주변의 산과 맞닿아 있는 자연형 습지인 천내습지는 물웅덩이와 습초지, 관목림, 교목림 등 서식지 구조가 다양하기 때문에 천연기념물과 멸종 위기의 동물과 식물이 많이 서식하고 있습니다.

"샤샤, 저기 움직이는 거 수달 아니야? 수달은 맑은 물에서만 산다는데, 이곳에도 수달이 있나 봐."

무언가를 가리키며 다람쥐가 나무 위로 재빠르게 올라갔습니다. 다람쥐가 가리킨 곳을 보니 수달 두 마리가 여유롭게 수영을 하고 있었습니다.

"수달아, 안녕?"

샤샤가 수달에게 아는 척을 했습니다.

"요정 샤샤구나. 오랜만이야. 반가워."

샤샤를 본 수달이 반가워하며 샤샤에게 다가왔습니다.

샤샤는 오래전에 이곳에 와서 수달을 만나고 간 적이 있었습니다.

"다람쥐야, 인사해. 수달은 내 친구야."

다람쥐도 수달과 반갑게 인사를 나누었습니다.

"내가 사는 천내습지에 온 것을 환영해."

"습지는 처음 와 봐. 이곳에 대해 설명해 줄 수 있어?"

다람쥐의 말에 수달이 물속으로 들어갔다가 머리를 쏙 내

밀었습니다.

“이곳에는 수많은 생명들이 살고 있단다. 천내습지에는 멸종 위기이자 보호종인 두드럭조개의 최대 서식지이기도 해. 그 외에도 삵, 감돌고기, 돌상어, 꾸구리 등 멸종 위기종이 많이 살고 있어.”

“멸종 위기종이 많이 살고 있다니 이곳을 보호하고 보존해야겠다.”

“맞아. 하지만 이곳이 상수원 보호 구역에서 해제되면서 우리들의 생활 터전으로 차량이 진입하고 있어서 위험해. 사람들이 밤낮없이 낚시를 하고, 쓰레기도 마구 버려서 습지가 몸

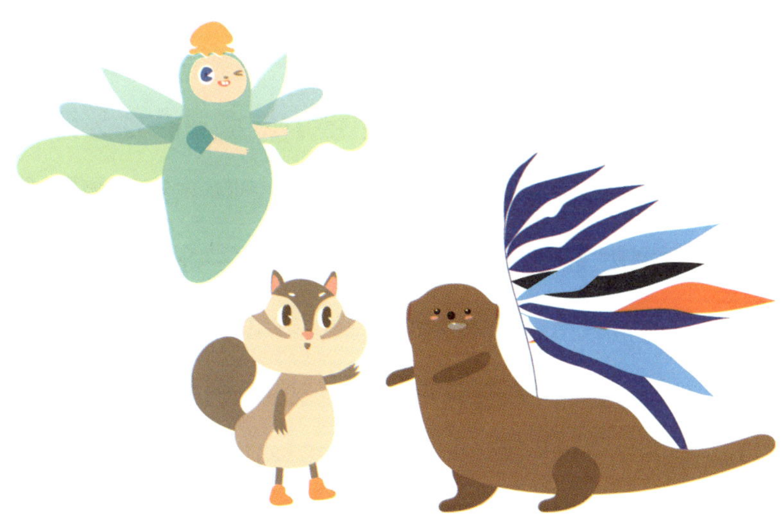

살을 앓고 있어. 이대로 계속 지내게 된다면 머지않아 천내습지도 살기 어려운 곳이 될지 몰라."

수달의 목소리에는 맑은 천내습지가 황폐하게 될까 봐 걱정이 가득 담겼습니다.

"동물과 식물들이 살아갈 수 있도록 생태계를 보전해야 해. 천내습지가 습지 보호 구역으로 지정되면 생태계는 훨씬 좋아질 거야. 그러니 희망을 가져, 수달아."

"그랬으면 좋겠어. 샤샤와 다람쥐가 위로해 주니까 힘이 나네. 고마워."

"수달아, 이제 우리는 떠나야 해."

샤샤와 다람쥐가 수달에게 아쉬움이 담긴 작별 인사를 했습니다.

물속에서 자유롭게 헤엄치던 수달이 물 밖으로 나와 샤샤와 다람쥐를 배웅했습니다.

금강 최대의 습지인 천내습지는 계절마다 다양한 생물을 만날 수 있습니다. 금산군은 천내습지를 포함한 금강변의 금산생태경관보전지역 지정을 위해 준비하고 있습니다.

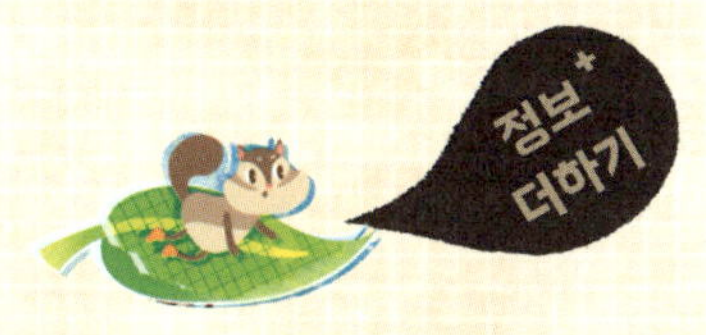

천내습지

천혜의 환경을 자랑하며 금강의 허파로 불리는 천내습지에는 140여 종의 식물과 40여 종의 조류, 20여 종의 어류, 10여 종의 조개류를 포함하여 수백여 종 이상의 생물이 살아가는 생명의 보고이다.

천내습지는 멸종 위기종 1급인 두드럭조개, 감돌고기, 통사리와 천연기념물인 어름치, 홍쏘가리 등 멸종 위기종의 중요 서식지로 매우 가치가 높은 곳이다.

습지 주변에는 용과 호랑이의 모습을 새긴 용호석(충청남도 유형문화재)과 고인돌이 있다.

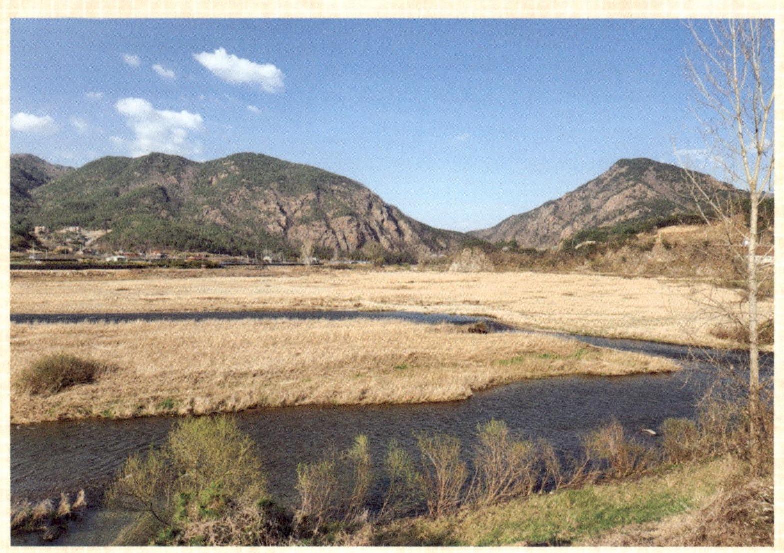

•천내습지

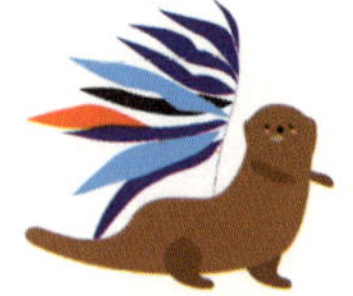

영동의 비경, 양산팔경

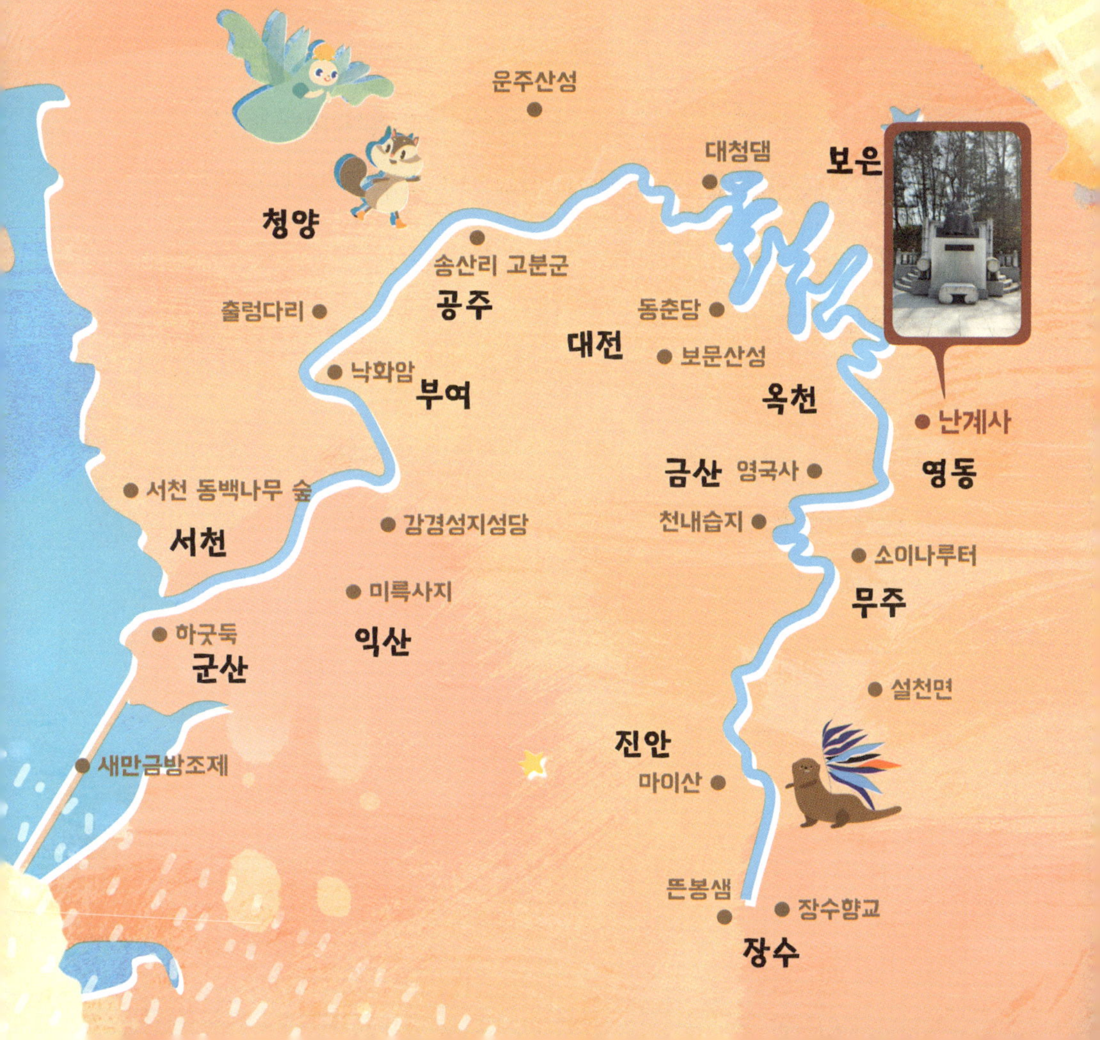

운주산성
대청댐
보은
청양
송산리 고분군
공주
출렁다리
동춘당
대전
보문산성
낙화암
부여
옥천
난계사
금산
영국사
영동
서천 동백나무 숲
서천
강경성지성당
천내습지
소이나루터
미륵사지
무주
하굿둑
익산
군산
설천면
진안
새만금방조제
마이산
뜬봉샘
장수향교
장수

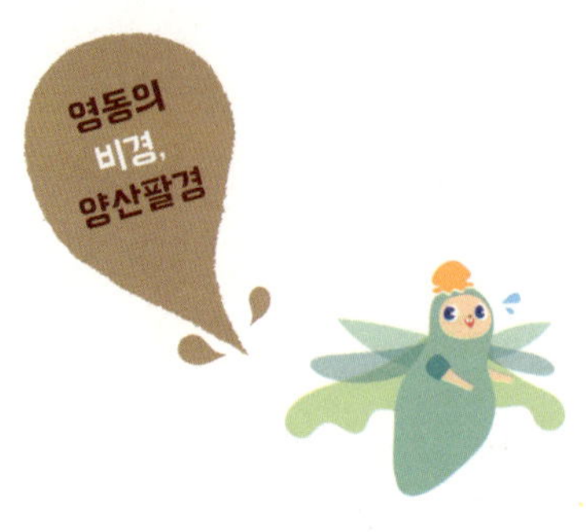

산이 높고 물이 깊은 영동에는 경치가 빼어나게 아름다운 곳이 많습니다. 영동은 옛날부터 경상도, 전라도, 충청도가 접경하고 있는 교통의 요지이다 보니, 금강을 따라 경치가 수려한 곳마다 정자가 많습니다.

영동군을 지나는 구간에서는 금강을 양강이라고 부릅니다. 그중 가장 아름다운 여덟 곳을 '영동 양산팔경'이라고 합니다.

사사와 다람쥐는 양산팔경 중에 제1경이자 천 년을 살았다는 은행나무(천연기념물)가 있다는 영국사를 찾아갔습니다. 절 마당에 들어서니 천 살이라는 나이 답지 않게 위풍당당하게 서 있는 은행나무가 사사와 다람쥐를 맞이했습니다.

"우와! 저 은행나무가 천 년이나 되었다는 거지? 가슴이 떨린다."

다람쥐가 아름드리 은행나무를 향해 쪼르르 달려갔습니다.

"이 은행나무는 높이가 31미터, 둘레가 11미터나 된대. 천 년을 살아왔다니 정말 대단해."

은행나무도 반갑다는 듯 잎사귀로 샤샤와 다람쥐를 쓰다듬었습니다. 기분이 좋아진 샤샤와 다람쥐는 은행나무 가지에 앉아 고즈넉한 풍경을 바라보았습니다. 한참 동안 은행나무에서 쉬던 샤샤와 다람쥐는 은행나무가 태풍에도 쓰러지지 않고 오래도록 살아가기를 빌면서 길을 떠났습니다.

금강을 따라가던 샤샤와 다람쥐가 정자를 발견했습니다.

"다람쥐야, 우리 저기 바위 위에 우뚝 솟은 정자에서 쉬었다가 갈까?"

샤샤가 날아가는 곳에는 소나무가 울창했습니다. 송호리 송림의 빼곡한 소나무 사이를 지나가자 바위 위에 우뚝 선 정자가 보였습니다. 바로 양산팔경 중 제6경인 여의정입니다.

"바위 위에 정자를 어떻게 지었을까? 이곳에서 바라보니 금강 주변의 경치가 너무 좋아. 바람도 무척 시원해."

"맞아. 금강에 비치는 햇살도 눈부시게 반짝거려. 영동에는 정자가 정말 많아."

"그러게. 강선대에서 내려다보던 금강도 너무나 황홀했어. 영동은 경치가 아름다운 곳이 많아서, 주변 풍경을 즐기기 위한 정자가 많은가 봐."

여의정에서 살랑거리는 바람을 맞으며 금강을 내려다보며 휴식을 취한 샤샤와 다람쥐는 또다시 길을 떠났습니다.

'양산팔경 금강 둘레길'을 따라 아름다운 풍경에 취해 늦게

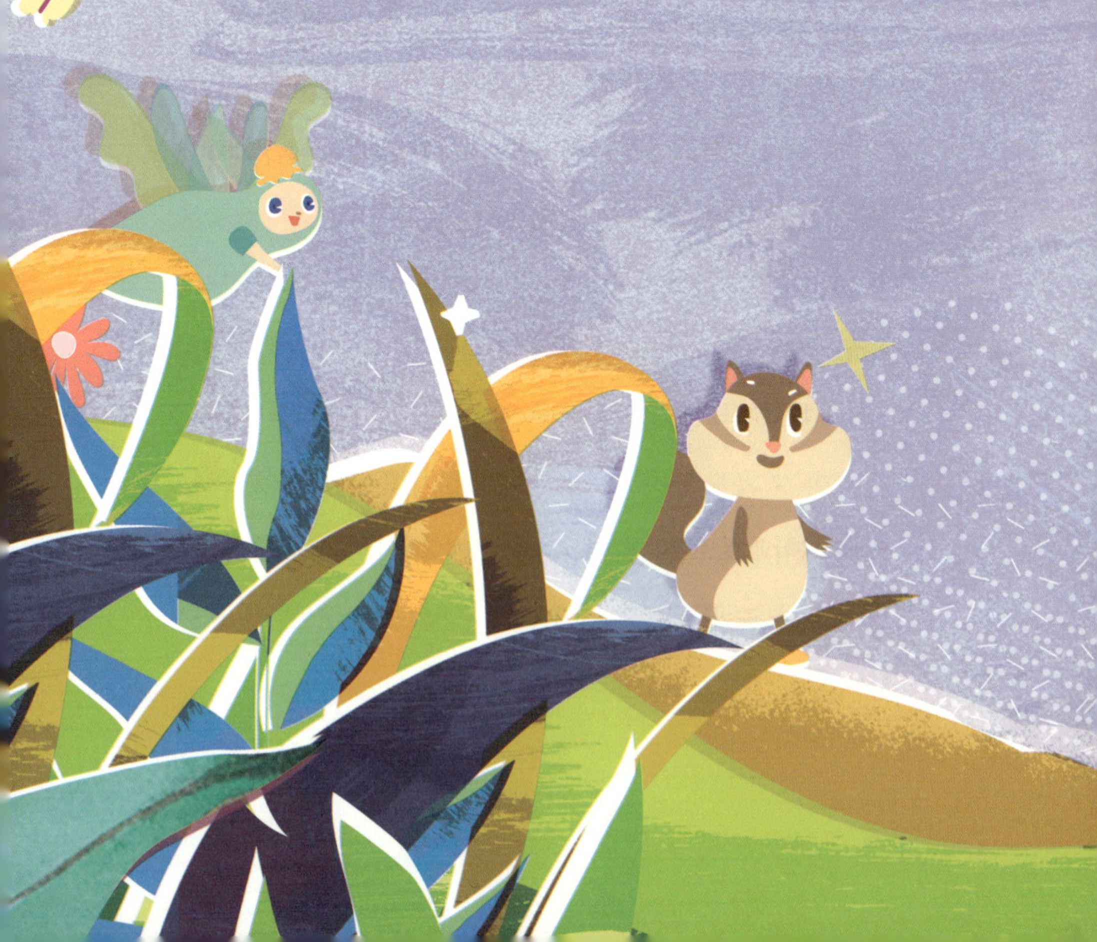

까지 다닌 샤샤와 다람쥐는 무척 피곤했습니다.

"우리 난계사에 가서 자자."

샤샤는 다람쥐와 함께 난계사(충청북도 기념물)로 향했습니다. 노을이 막 금강으로 빠져들고 있었습니다.

난계사로 들어서자 까치가 깍깍 울며 반겨 주었습니다.

"얘들아, 난계사에 온 걸 환영해. 나는 이곳에 사는 까치야. 너희들은 어떻게 이곳에 온 거야?"

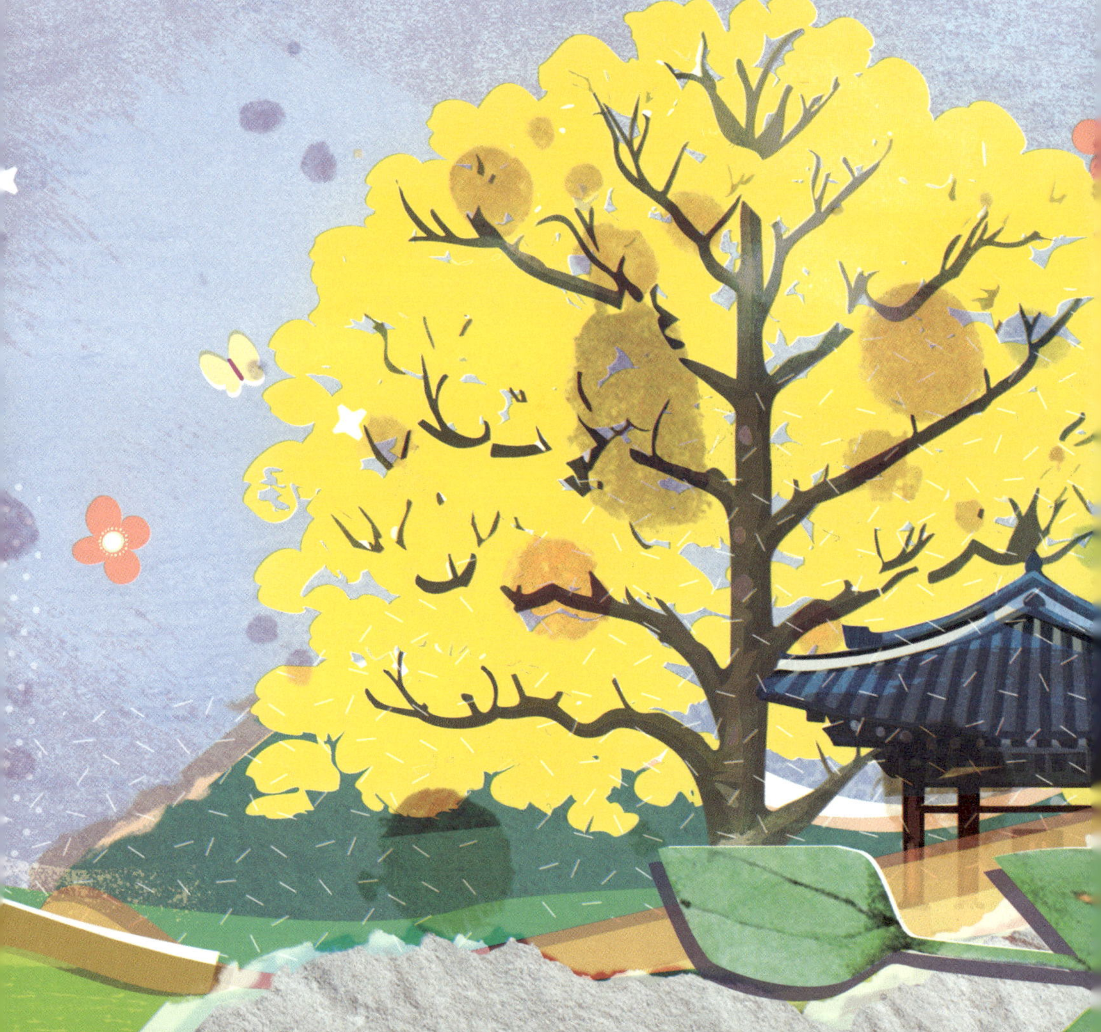

"까치야, 반갑다. 우리는 금강을 따라 여행 중인데, 오늘 밤에 이곳에서 쉬려고 찾아온 거야."

"그렇구나. 여행 중이라니까 내가 사는 이곳을 소개하고 싶은데, 괜찮겠어?"

까치의 말에 샤샤와 다람쥐가 활짝 웃었습니다. 까치가 신나서 이야기를 시작했습니다.

"너희들 한글을 만든 임금이 세종대왕이라는 것은 알지? 난계사는 세종대왕 때 국악의 기반을 닦은 박연을 기리는 사당이야."

"그런데 왜 이곳을 난계사라고 해?"

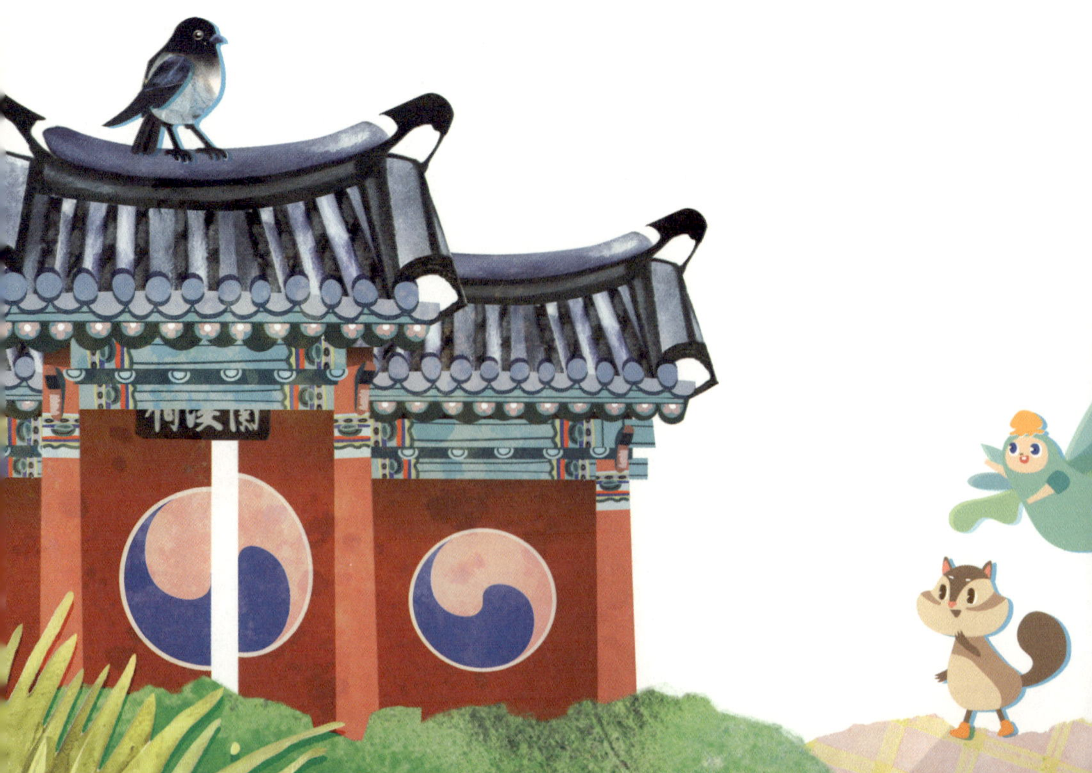

다람쥐가 고개를 갸우뚱거렸습니다.

“난계는 박연의 호야. 그래서 박연의 호를 따서 난계사라고 해. 조선 시대 음악을 대표하는 박연은 고구려의 왕산악, 신라의 우륵과 함께 3대 악성(성인이라고 이를 정도로 높은 경지에 오른 뛰어난 음악가)으로 불린단다.”

“아하, 그렇구나.”

“박연은 조선 초에 미비한 궁정 음악을 정비하고 궁중악을 완성했어. 악기를 조율하는 편경을 만들고, 악보와 악기를 정리한 악서(음악책)를 편찬하고 악기도 제작했단다. 편경은 돌로 만든 타악기인데 경돌의 두께에 따라 음높이가 다르고, 맑고 청아한 소리가 나.”

“우와, 우리나라 음악의 아버지라고 해도 되겠다.”

다람쥐와 샤샤가 까치의 말에 손뼉을 쳤습니다.

까치의 이야기에 흠뻑 취한 샤샤와 다람쥐는 까치를 따라 난계 테마길을 걸었습니다. 살랑이는 바람과 사각거리는 나뭇잎 소리가 마치 박연이 연주하는 대금 소리 같았습니다.

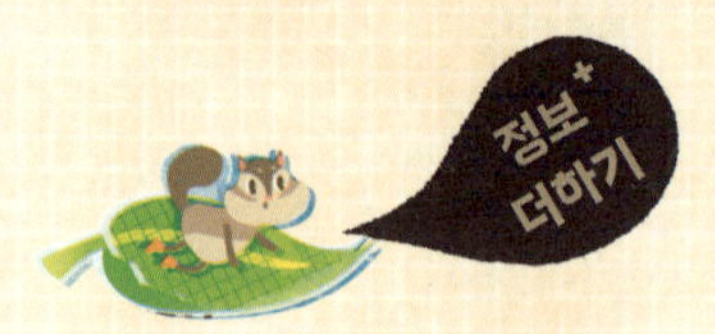

영동 양산팔경

제1경 천태산 영국사

영국사는 통일 신라 후기 668년(문무왕 8년)에 창건되었다. 당시에는 국청사라고 했다. 고려 공민왕이 홍건적의 난을 피하여 국청사에서 머물면서 기도를 하여 국난을 극복하고 나라가 평온해졌다고 하여 영국사로 개명했다.
영동 영국사에는 원각국사비(보물), 승탑(보물), 삼층석탑(보물), 망탑봉 삼층석탑(보물), 영산회산도(보물) 외에도 영국사의 명물인 1000년 된 은행나무(천연기념물) 등 수많은 유적이 있다.

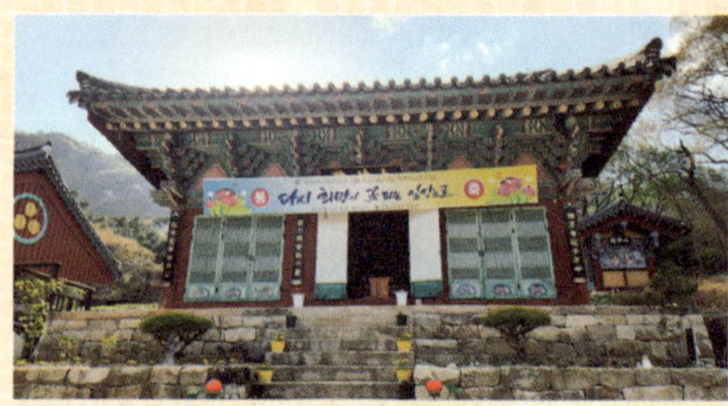

•영국사 대웅전

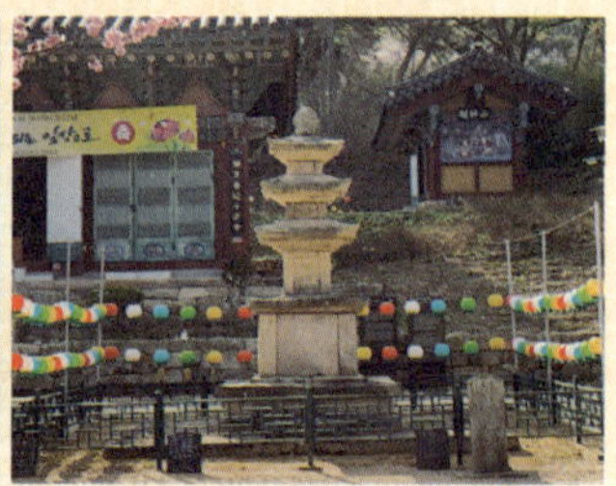

•영국사 삼층석탑

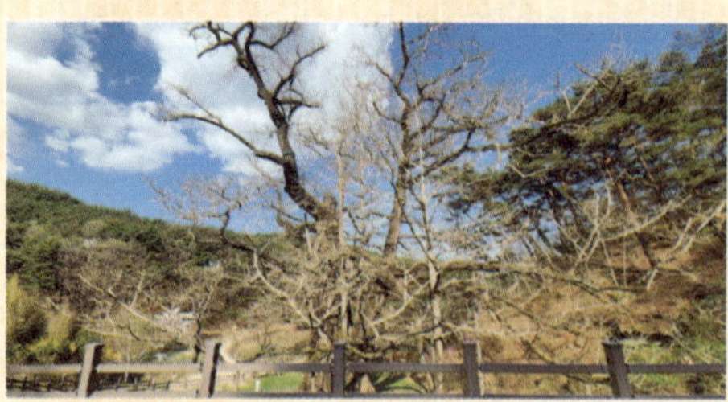

•영국사 천연기념물 은행나무

제2경 강선대

풍경이 너무나 아름다워 하늘에 사는 신선이 내려와 놀다 갔다는 6각형 지붕의 정자. 주변의 소나무들과 어우러진 경치가 멋지다.

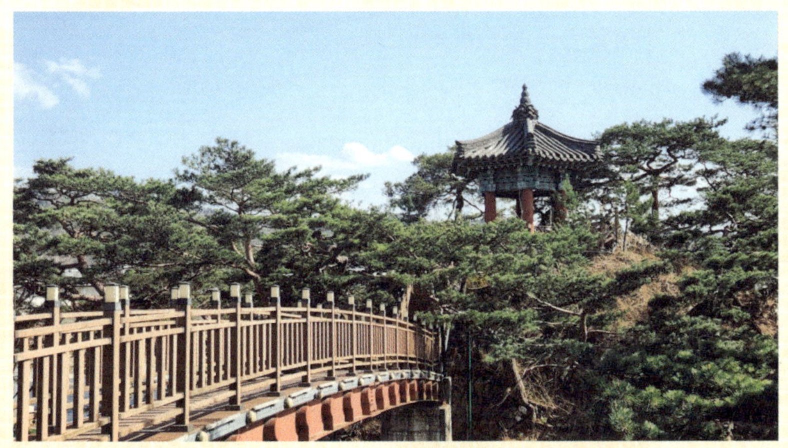

• 강선대

제3경 비봉산

봉황이 하늘을 나는 모습을 닮았다고 하여 비봉산이라고 한다. 비봉산 정상에서는 금강 주변의 빼어난 풍경이 내려다보이며 노을이 일품이다.

제4경 봉황대

비봉산에서 날아온 봉황이 먹이를 먹으며 쉬었던 곳이다.

제5경 함벽정

옛시인들이 시를 읽고 학문을 강론하던 곳이다. 강변 백사장에서 물새 우는 소리가 끊이지 않았다고 한다.

제6경 여의정(영동군 향토유적)

연안부사였던 만취당 박응종이 낙향하여 강 언덕 위에 소나무 종자를 뿌리고 정자를 지었다. 예의와 풍속, 정치와 역사를 설교하던 곳이다. 100년 묵은 소나무가 무려 1만여 그루나 된다고 한다.

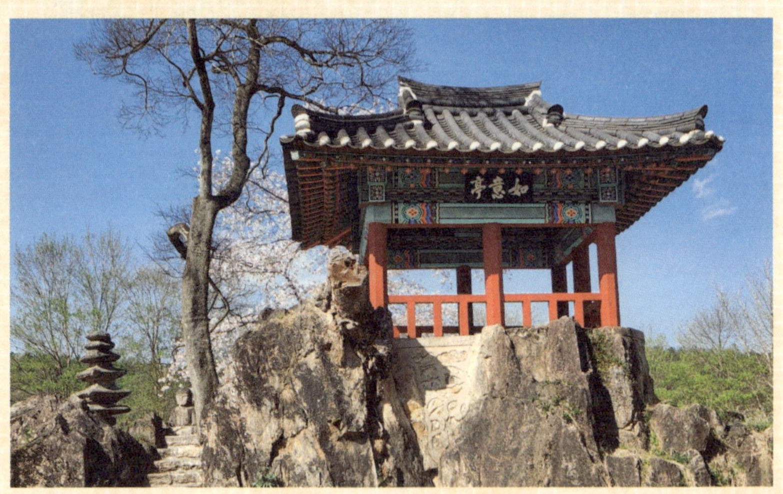

• 여의정

제7경 자풍서당(충북 유형문화재)

조선 중기의 유학자 동천 이충범이 제자들을 양성하던 곳이다. 18세기 건축 양식을 그대로 간직하고 있다.

제8경 용암

하늘로 올라갈 준비를 하던 용이 강선대 아래에서 목욕하는 선녀를 보느라 승천하지 못하고 바위가 되었다고 한다. 또 다른 이야기는 풍경이 수려한 이곳에서 용이 승천하였다고도 한다.

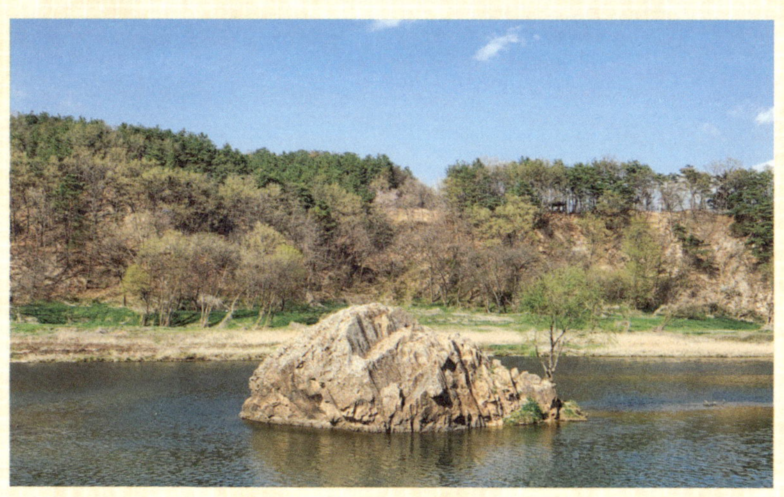

•용암

난계 박연

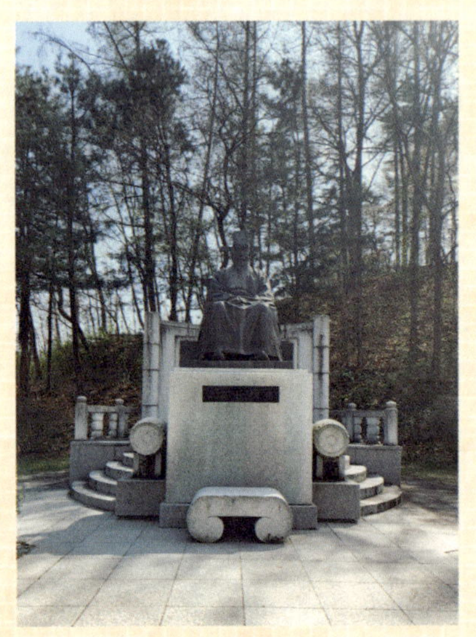
•영동 난계사 박연 동상

난계 박연은 1378년 충북 영동에서 출생했다. 음악가, 문장가, 천문학자로 알려진 난계 박연은 세종 때 악학별좌, 예문관 대제학을 지냈으며, 조선이 낳은 음악의 천재라고 불린다.

박연은 어린 시절부터 거문고와 비파 등에 재능이 뛰어났다. 관직에 들어선 박연은 악보를 정리하고 음악책을 펴냈다. 편경을 비롯하여 여러 악기를 제작했으며, 궁중에서 사용하는 전통 음악도 정리했다. 박연은 한글을 만든 세종대왕과 함께 예악을 바로잡아 우리 음악의 기틀을 세웠다.

충북 영동에서는 난계 박연의 업적을 기리고 추모하는 난계예술제를 매년 개최한다. 영동에는 난계국악박물관과 난계테마길, 서울에는 난계로와 난계 공원이 있다.

벼슬을 하사받은 소나무 정이품송

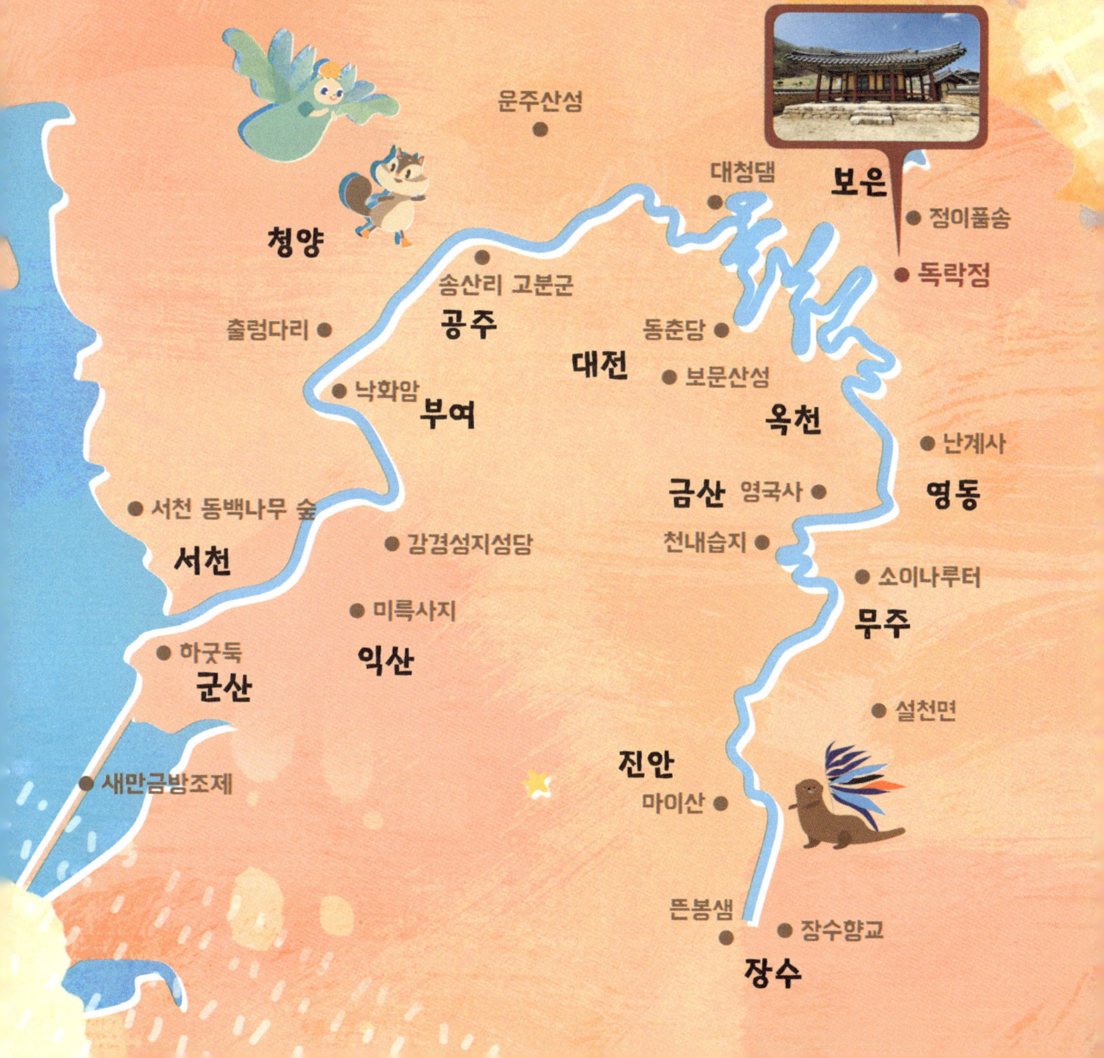

운주산성
대청댐
보은
정이품송
독락정
청양
송산리 고분군
공주
출렁다리
동춘당
대전
보문산성
낙화암
부여
옥천
난계사
금산
영국사
영동
서천 동백나무 숲
서천
감경성지성당
천내습지
소이나루터
미륵사지
무주
하굿둑
익산
군산
설천면
진안
새만금방조제
마이산
뜬봉샘
장수향교
장수

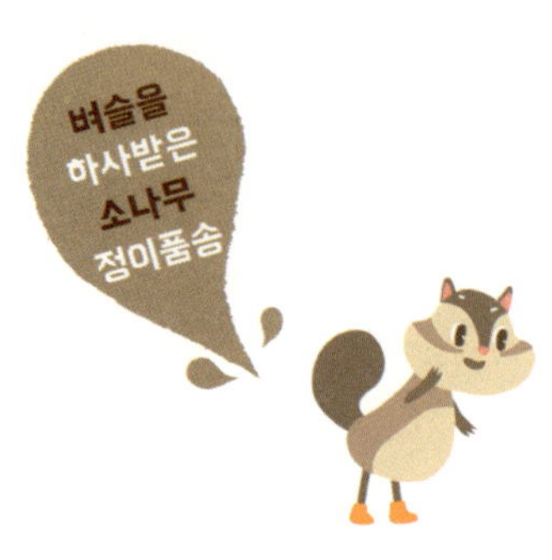

물길을 따라 옥천에 도착한 샤샤와 다람쥐는 큰 소나무들이 우거진 곳에 있는 독락정(충정북도 문화재 자료)에 올라갔습니다. 독락정은 옛날에 선비들이 모여 시를 짓고 담론을 즐기던 정자로 서당으로도 사용되었습니다. 독락정에서 바라보는 풍경은 너무나 아름다웠습니다.

"샤샤야, 이곳은 너무 경치가 좋아서 신선들이 내려와서 놀 것만 같아."

"맞아, 보이는 풍경도 너무 정겨워."

"옛 선비들이 이곳에서 시를 지었다니, 생각만 해도 그 분위기가 느껴져."

샤샤와 다람쥐는 독락정에 앉아 편안한 시간을 보냈습니다. 시원한 바람이 불었습니다. 햇살도 따듯하게 비쳤습니다.

독락정에서 낮잠을 잔 샤샤와 다람쥐는 먼 길을 떠나 속리산 국립공원에 도착했습니다. 피곤했지만 어두워지기 전에 속리산 꼭대기인 문장대까지 올라가기로 했습니다.

하늘엔 회색 구름이 끼고 바람도 낮게 불었습니다. 하지만 문장대에 꼭 가고 싶었던 다람쥐는 멈추지 않았습니다. 그곳을 다녀온 다람쥐 친구들이 문장대에서 내려다보는 풍경이 너무도 멋지다고 말했기 때문입니다.

“먼 길 오느라 피곤하지 않아? 괜찮겠어?”

샤샤가 걱정스럽게 말했습니다. 다람쥐가 평소와 다르게 지쳐 보였기 때문입니다.

“괜찮아. 하늘이 흐린 걸 보니까 비가 올 것 같아. 비가 오기 전에 빨리 다녀오자. 지금 문장대를 못 가면 다시는 기회가 없을 수도 있어.”

“그래. 어서 다녀오자.”

샤샤가 날개를 하늘거리며 다람쥐를 따라갔습니다. 다람쥐는 빠르게 나무를 옮겨 다녔습니다. 산꼭대기로 올라가는 길은

쉽지 않았습니다. 그렇지만 다람쥐와 샤샤는 힘을 내 열심히 올라갔습니다.

"야호! 드디어 문장대에 도착했다!"

속리산 꼭대기인 문장대에 도착한 다람쥐는 산꼭대기에서 가장 높은 나무로 올라갔습니다. 산꼭대기에는 바람이 심하게 불었습니다. 나무들이 바람에 마구 흔들거렸습니다. 속리산 국립공원의 아름다움에 취해 있던 샤샤가 나무 꼭대기에 올라간 다람쥐를 보며 말했습니다.

"바람에 나뭇가지들이 심하게 흔들리네. 다람쥐야, 떨어지지 않게 조심해."

하지만 쌩쌩 부는 바람 소리 때문에 샤샤의 목소리는 허공으로 흩어졌습니다.

문장대에서는 충청남도와 충청북도의 모습이 모두 내려다보였습니다. 아름답기도 하고, 가슴이 벅차기도 한 풍경이었습니다.

나무 꼭대기에서 절벽 아래를 바라보던 다람쥐는 샤샤에게 가기 위해 나무 아래로 내려오려고 했습니다. 그때 마침 바람이 몹시 세게 불었습니다. 커다란 나뭇가지가 바람을 이기지 못하고 꺾어지면서 다람쥐의 등을 내리쳤습니다.

"아얏!"

세게 부는 바람 탓에 간신히 나뭇가지에 매달려 있던 다람쥐가 비명을 지르며 바닥으로 떨어졌습니다.

"다람쥐야, 다람쥐야!"

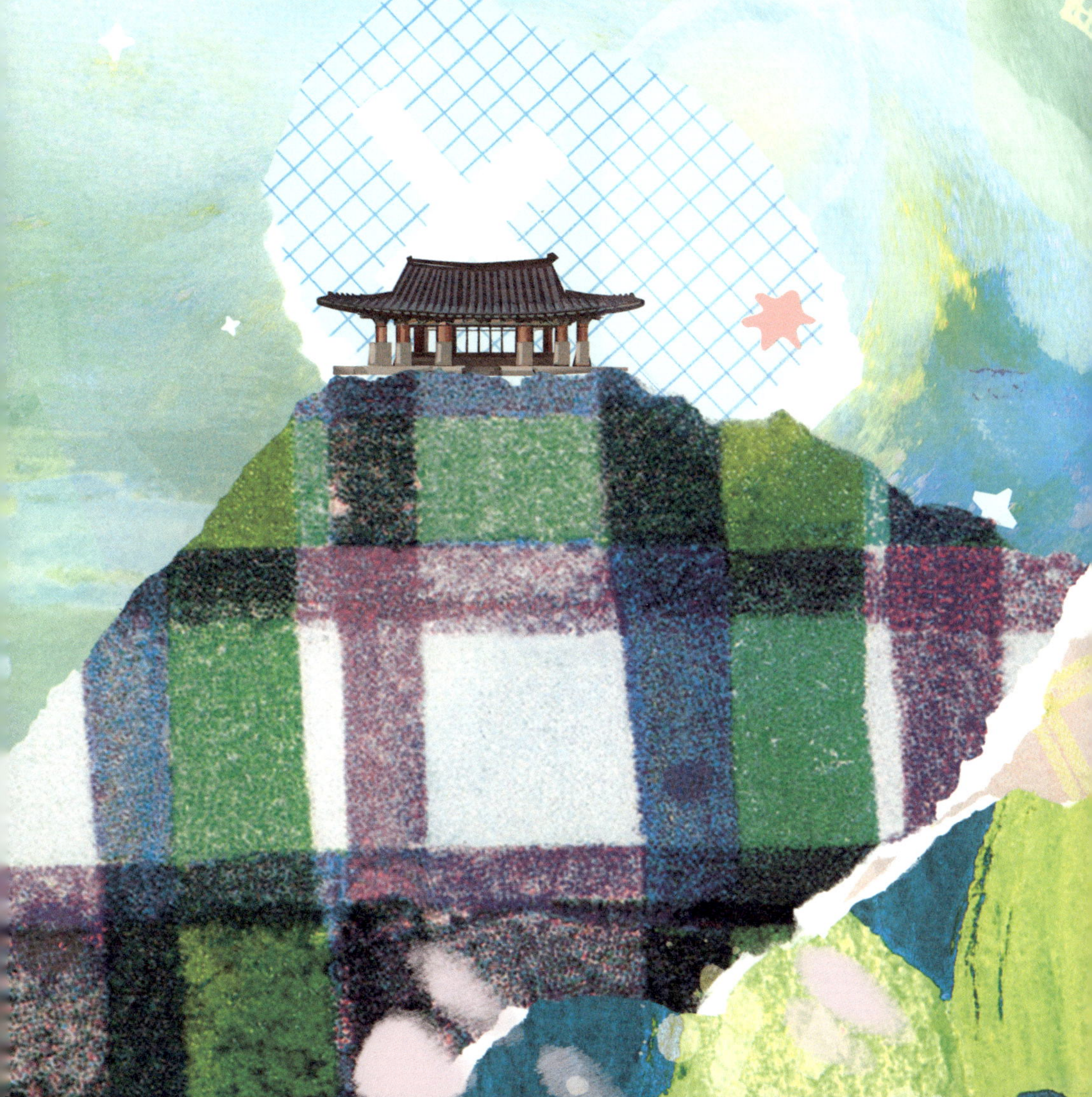

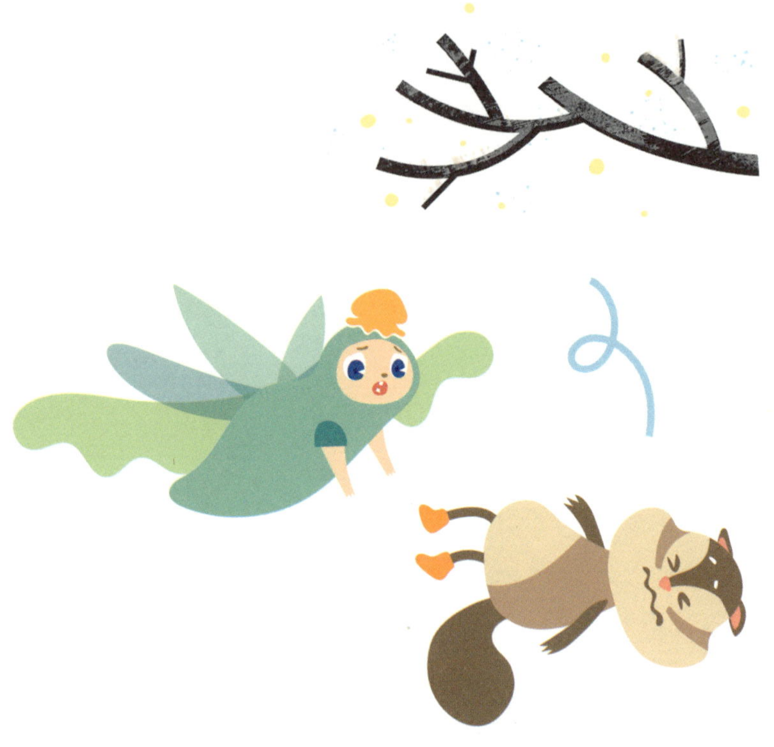

놀란 샤샤가 바닥에 널브러져 있는 다람쥐에게 다가갔습니다. 다람쥐는 두 눈을 꼭 감은 채 미동도 하지 않았습니다. 샤샤는 피가 통하도록 다람쥐의 몸을 마구 주물렀습니다. 그러자 다람쥐가 숨을 크게 내 쉬며 눈을 떴습니다.

"어휴! 이제 살았다! 다람쥐야, 이제 정신이 들어? 괜찮아?"

샤샤가 걱정이 담긴 말을 쏟아내는 동안 다람쥐가 끙끙거리며 일어나려고 애썼습니다. 샤샤가 다람쥐의 등을 조심스레

쓰다듬자 다람쥐가 몸을 움직였습니다. 샤샤가 등을 문질러 주어서 그런지 심하게 아프지는 않은 것 같았습니다.

"샤샤야, 나는 괜찮아. 많이 놀랐지? 다친 데는 없는 것 같아. 샤샤가 걱정해 준 덕분이야. 고마워."

다람쥐가 샤샤에게 고마운 마음을 전했습니다.

요정 샤샤가 부드러운 날개로 다람쥐를 꼭 안아 주었습니다. 다람쥐가 행복한 미소를 지었습니다.

"바람이 많이 부네. 더 위험한 일이 생기기 전에 얼른 내려가야겠어."

"맞아, 어서 내려가자."

샤샤와 다람쥐는 부지런히 산에서 내려갔습니다. 산 아래에서 안정을 취한 샤샤와 다람쥐는 잠잘 곳을 찾기로 했습니다.

"다람쥐야, 우리 법주사에 가서 쉴까?"

"법주사?"

속리산 국립공원 내에는 법주사라는 사찰이 있습니다.

"법주사에는 조선 시대에 정이품 벼슬을 받은 유명한 소나무가 있어."

샤샤의 말에 다람쥐가 깜짝 놀랐습니다.

"벼슬은 사람한테만 주는 거 아니야?"

샤샤가 웃으며 대답했습니다.

"그러게 말이야. 얼마나 멋있으면 사람이 아닌 소나무에게 벼슬을 주었겠어? 피곤하니까 오늘 정이품송을 보면서 법주사에서 쉬는 거야. 어때?"

"좋아! 정이품송이라니, 정말 궁금하다. 어서 가자."

다람쥐가 정이품 소나무를 보고 환호했습니다.

"우와! 소나무가 어쩜 저렇게 멋있을 수가 있지? 마치 그림 속 우산을 펴 놓은 것 같아."

그때였습니다. 갑자기 소나무가 말하기 시작했습니다.

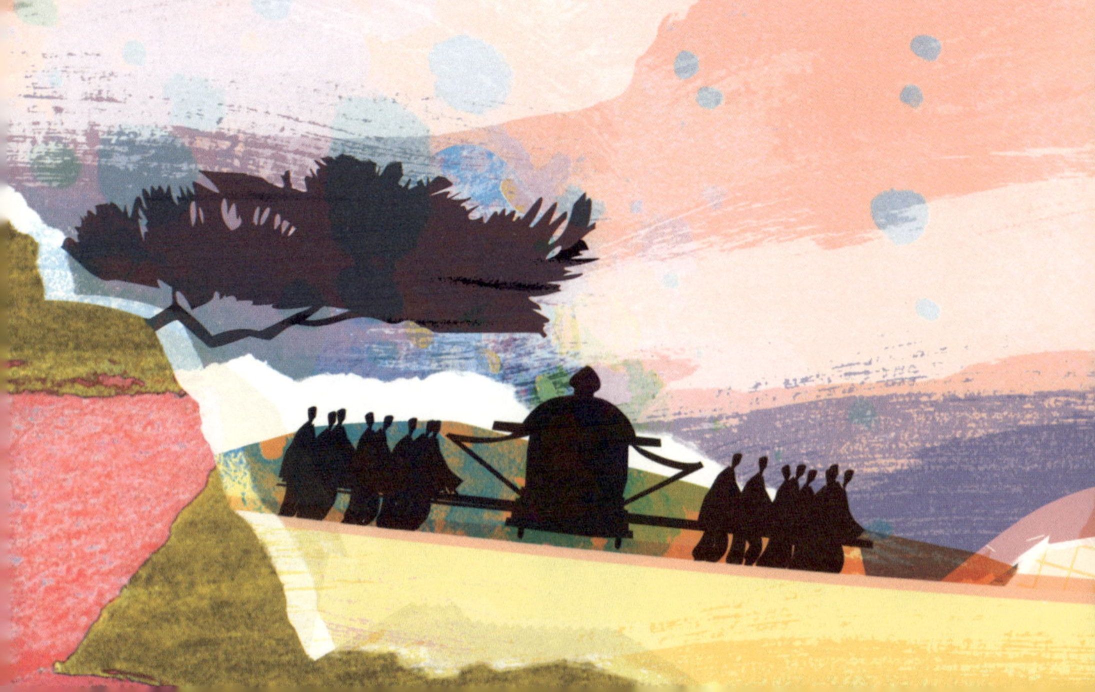

"요정과 다람쥐야, 반갑다. 나에게 멋있다고 해줘서 고마워."

다람쥐는 깜짝 놀랐지만 요정 샤샤는 방긋 웃었습니다.

"소나무야, 반가워. 네가 어떻게 벼슬을 받게 되었는지 이야기해 줄 수 있어?"

"당연하지. 그때 이야기를 해 줄게."

소나무가 벼슬을 받게 된 것은 세조 때의 일입니다.

세조가 한양에서 법주사로 행차할 때였습니다. 세조가 타고 있던 가마가 소나무 아래를 지나게 되었습니다. 그런데 소나무의 가지가 아래로 처져 있어서 가마의 윗부분이 나뭇가지에 걸렸습니다. 그때 놀라운 일이 일어났습니다. 소나무가 스스로 가지를 위로 들어 올린 것입니다. 소나무가 나뭇가지를

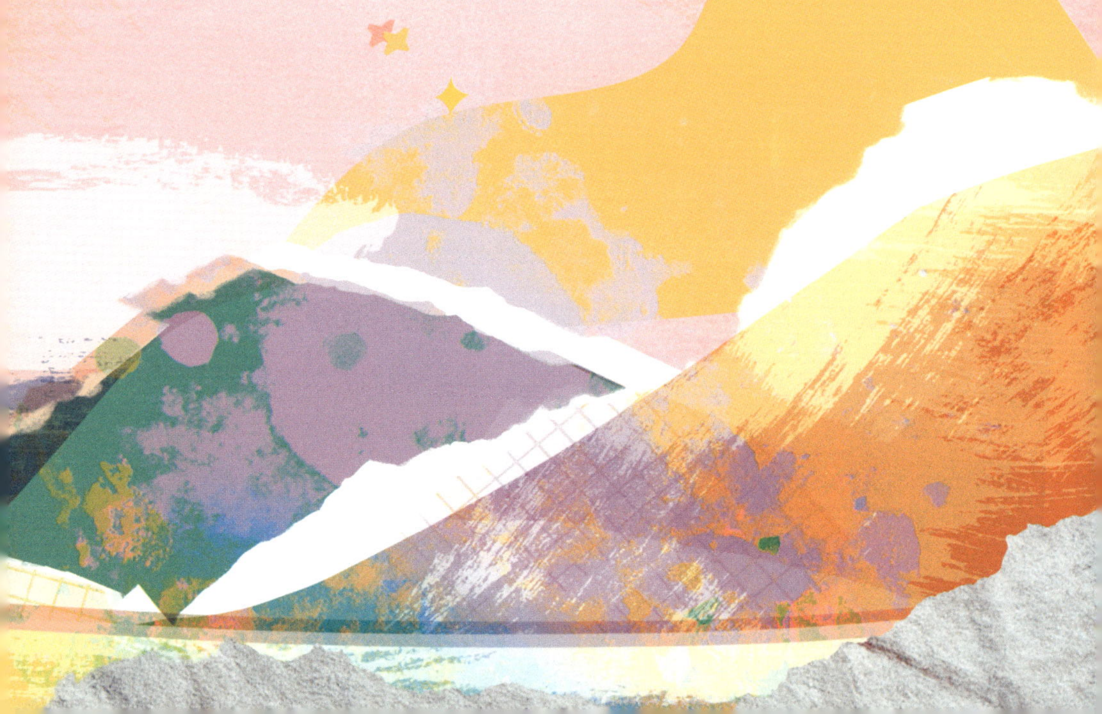

들어 올리자 세조가 탄 가마는 소나무 아래로 무사히 지나갈 수 있었습니다. 이에 감탄한 세조는 그 소나무에게 정이품의 벼슬을 하사하였습니다.

"임금이 탄 가마가 지나갈 수 있도록 소나무가 스스로 가지를 들어 올렸다니 너무 신기하다."

다람쥐가 감탄하면서 정이품송의 나뭇가지 사이를 오르락내리락했습니다. 정이품 소나무도 다람쥐가 편히 다닐 수 있도록 가지를 쭉 펼쳤습니다.

정이품송 나뭇가지에 앉은 다람쥐가 샤샤를 불렀습니다. 샤샤가 포르르 날아와 다람쥐 옆에 앉았습니다. 샤샤와 다람쥐는 정이품송 가지에서 마음 편안하게 쉬었습니다.

"벌써 해가 져서 어두워졌어. 오늘은 내 품에서 푹 자고 내일 길을 떠나는 게 어때?"

정이품 소나무가 다정하게 말했습니다. 어느새 해도 산속으로 숨어들어 어두워졌습니다.

"그래도 될까? 소나무야, 고마워!"

샤샤와 다람쥐는 스스로 나뭇가지를 들어 올린 정이품송 품에서 깊은 잠을 잤습니다.

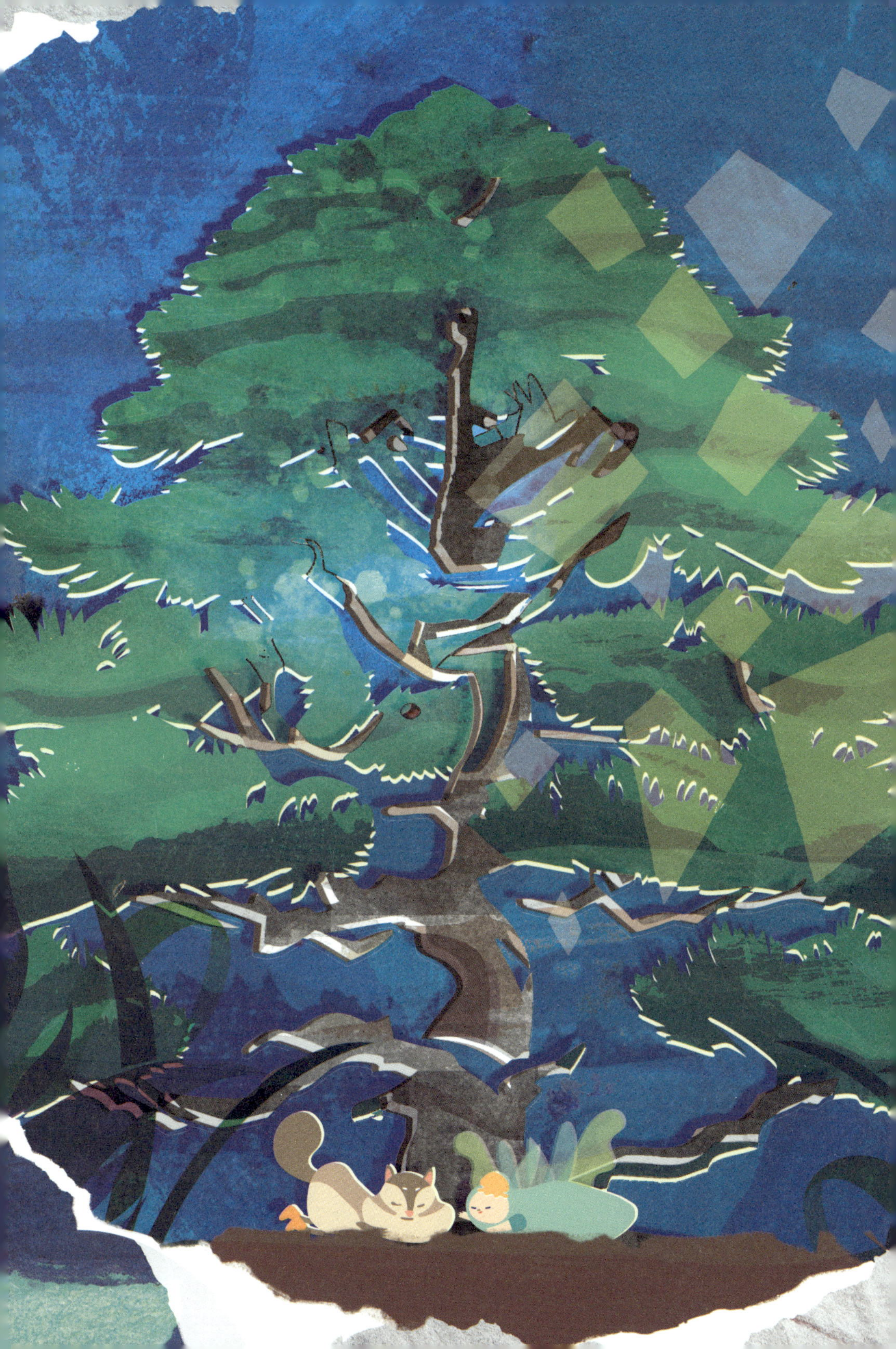

다음 날, 정이품송에서 피로를 푼 샤샤와 다람쥐는 편하게 잘 수 있도록 도와준 소나무에게 감사의 인사를 했습니다.

"소나무야, 고마워. 네 덕분에 아주 편안하게 잤어. 우리는 또 여행을 떠나야 해."

"나도 오랜만에 너희들과 이야기하면서 즐거웠어. 여행하다가 힘들면 또다시 놀러 와. 기다릴게."

"너는 정말 멋진 소나무야. 너를 알게 되어 정말 기뻐."

정이품 소나무와 아쉬운 작별 인사를 한 샤샤와 다람쥐는 천문대가 있는 구병산에 올라가 하늘을 올려다보고, 외적에 의해 함락된 적이 없는 삼년산성에서 신나게 놀았습니다.

독락정(충청북도 문화재 자료)

절충장군 중추부사를 지낸 주몽득이 1607년에 세운 조선 중기의 정자로 선비들이 즐겨 모이던 곳이다. 정자 뒤쪽에는 층암절벽 바위산이 병풍처럼 솟아 있고, 앞쪽에는 금강이 흐른다.

충청북도 옥천군에 있다.

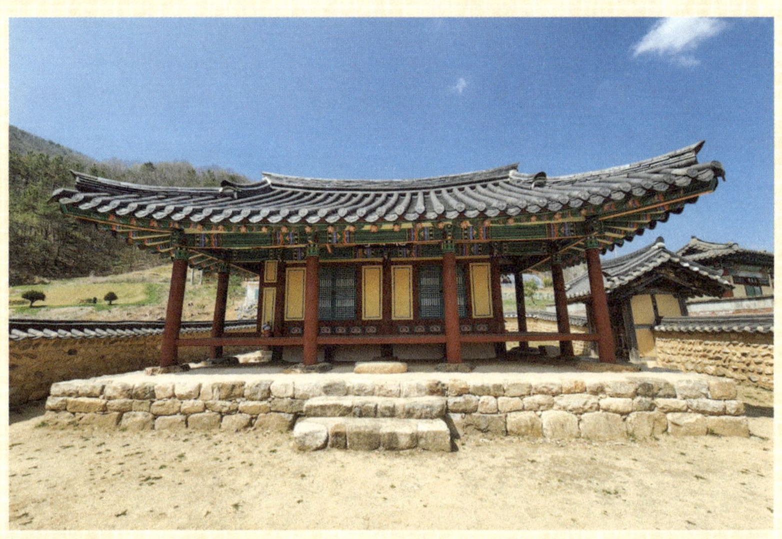

• 독락정

삼년산성(사적)

신라 시대 때 세워진 삼년산성은 화강암으로 쌓은 산성이다. 충청북도 보은에 있다. 성곽이 잘 보존돼 있고, 축성 연대가 명확해 사료적 가치가 높다.

'성을 쌓는 데 3년이 걸렸기 때문에 삼년산성이라 부른다.'라고 『삼국사기』에 기록되어 있다. 『세종실록지리지』에는 오항산성, 『신증동국여지승람』, 『충청도읍지』에는 오정산성으로 기록되었다.

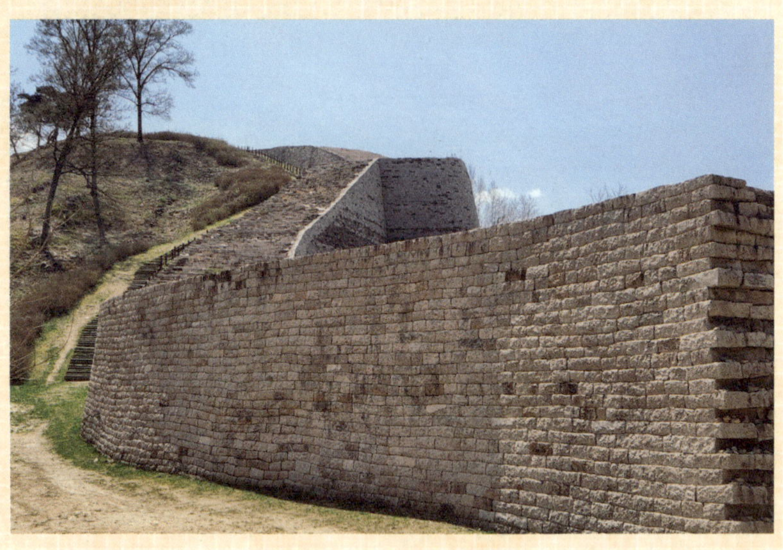

•삼년산성

7

과학과 엑스포의 상징

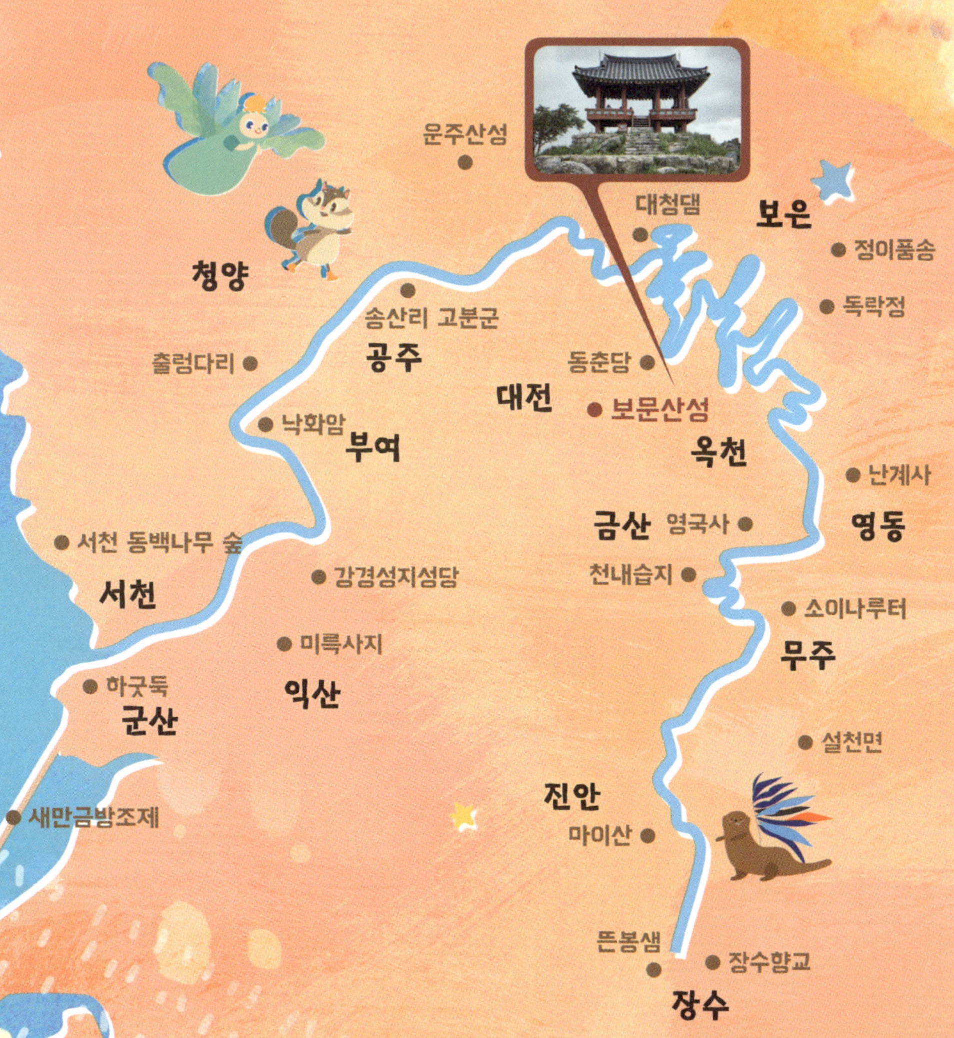

운주산성
대청댐
보은
정이품송
청양
송산리 고분군
독락정
출렁다리
공주
동춘당
대전
보문산성
낙화암
부여
옥천
난계사
금산
영국사
영동
서천 동백나무 숲
강경성지성당
천내습지
서천
소이나루터
미륵사지
무주
하굿둑
익산
군산
설천면
진안
새만금방조제
마이산
뜬봉샘
장수향교
장수

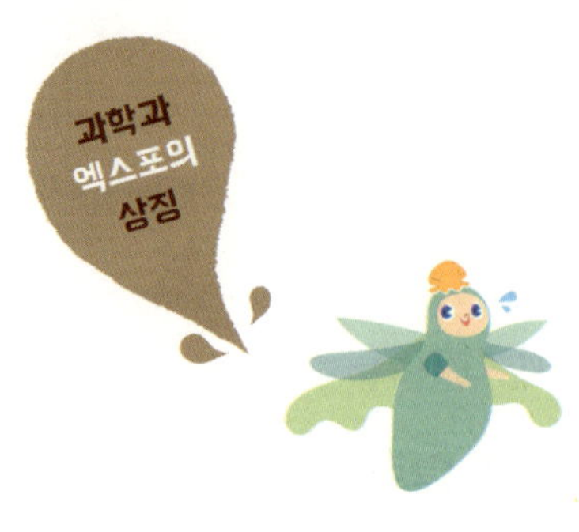

샤샤와 다람쥐는 대전에 있는 국립중앙과학관으로 향했습니다. 대전은 과학의 도시입니다.

"여기는 국립중앙과학관이라는 곳이야."

다람쥐는 입을 떡 벌렸습니다. 국립중앙과학관은 너무나 크고 넓어서 넓이를 가늠할 수조차 없었기 때문입니다.

최신형 과학 전시물과 체험시설이 갖춰진 국립중앙과학관은 우리나라를 대표하는 과학관입니다. 23미터 돔의 천체관에서는 광활하고 신비스러운 우주를 배경으로 한 천체 현상과 우주 개발 모습을 볼 수 있습니다.

"그러니까 저기 동그란 곳에서 지구의 하늘 너머 우주를 보여 준다는 거지?"

다람쥐는 천체관과 하늘을 번갈아 보면서 신기해하며 감탄했습니다.

'생물탐구관'에서는 식물 200여 종을 전시하고 있는데, 다람쥐가 자주 보던 식물들도 있었습니다. '기초 과학관'과 '첨단 과학 기술 체험관'에는 직접 체험하며 재미있게 즐길 수 있는 것들이 많습니다.

'원심력 자전거'는 원형의 레일 위에서 자전거 페달을 밟으며 360도를 도는 경험을 하면서 힘의 방향이나 몸의 중심이 이동하는 현상인 원심력을 쉽게 이해할 수 있습니다.

그 외에 자전하는 지구를 체험하는 '코리올리의 방', 전구의 발광 원리를 보여 주는 '플라즈마 유리구', 거울의 원리를 이용한 '대형 만화경', '첨단 과학 기술 체험', '자동차 코너'에서도 재미있는 체험을 할 수 있습니다.

로봇과 인간을 비교해 볼 수 있는 전시관에서는 인류의 탄생과 과학의 발달을 소개합니다. 자연사관에는 매머드와 공룡의 뼈 모형뿐만 아니라 각종 동물의 모형도 있습니다.

"우와! 저렇게 커다란 동물의 뼈는 뭐야?"

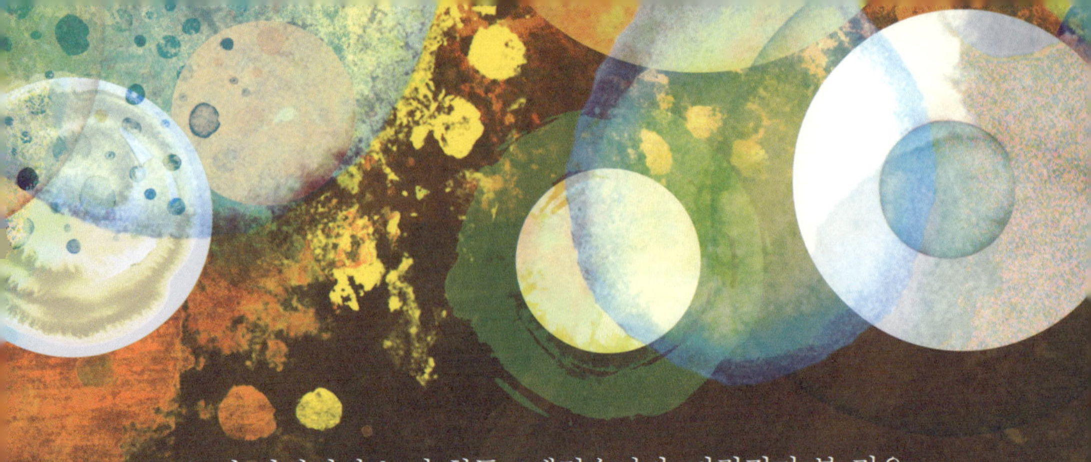

놀란 다람쥐의 눈이 휘둥그레졌습니다. 다람쥐가 본 것은 공룡이었습니다. 공룡의 모습은 다람쥐가 이제껏 본 그 어느 동물과도 비교할 수 없을 만큼 컸습니다. 그렇게 큰 동물이 지구상에 살았다는 사실이 믿기지 않았습니다.

"이번엔 엑스포과학공원에 가 볼까?"

다람쥐는 샤샤를 부지런히 따라갔습니다.

"엑스포과학공원은 사람들의 창의력과 과학 공부를 위해서 만들어진 곳이야. 첨단기술과 과학기술에 대한 주제로 과학적 상상력을 키우는 거야."

"그렇구나. 그런데 샤샤, 저 높은 탑은 뭐야?"

다람쥐가 하늘을 올려다보았습니다. 다람쥐가 보는 곳에는 높은 탑이 세워져 있었습니다.

"저것은 엑스포과학공원의 상징인 한빛탑이라고 하는데, 전망대야."

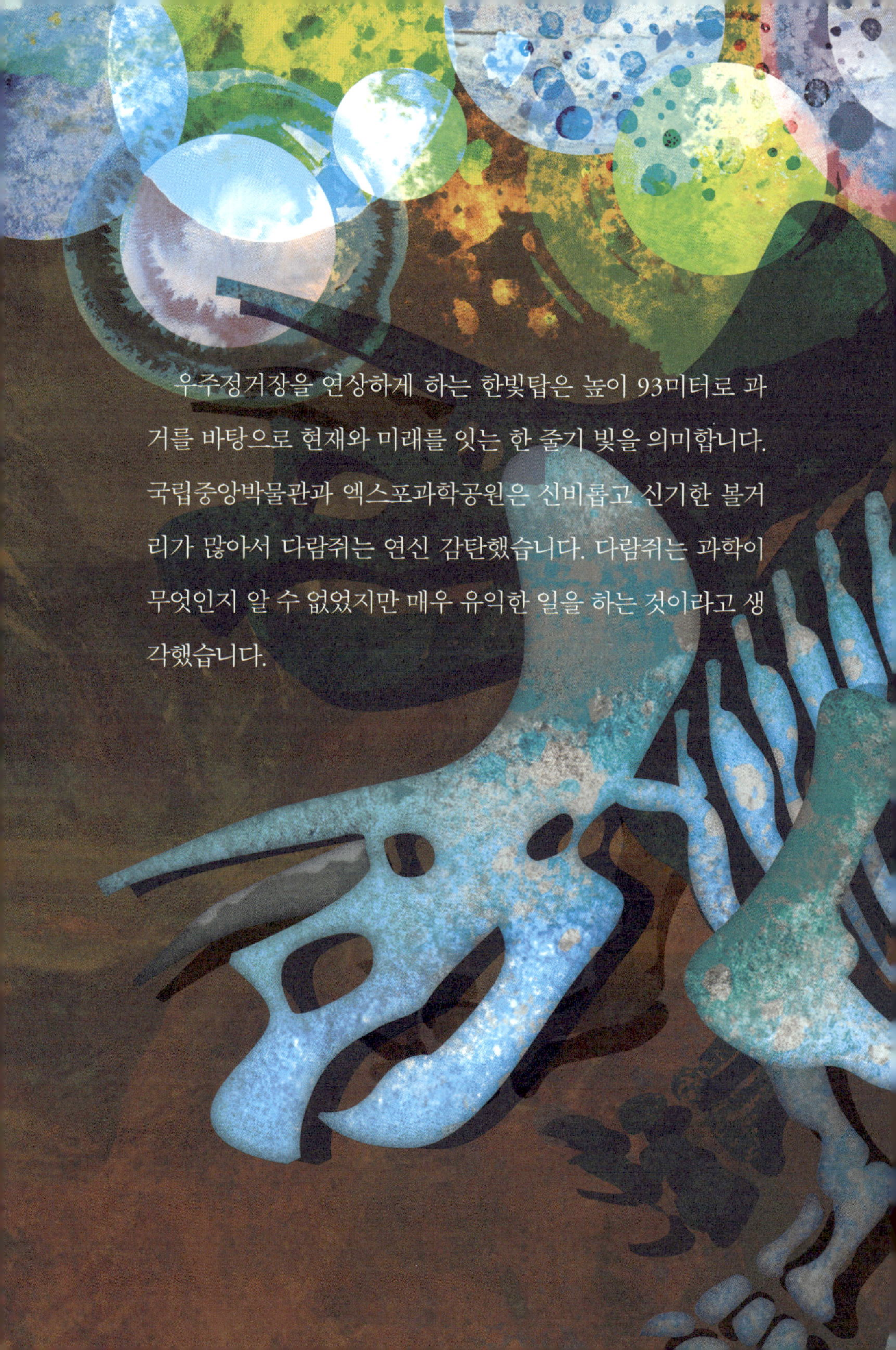

우주정거장을 연상하게 하는 한빛탑은 높이 93미터로 과거를 바탕으로 현재와 미래를 잇는 한 줄기 빛을 의미합니다. 국립중앙박물관과 엑스포과학공원은 신비롭고 신기한 볼거리가 많아서 다람쥐는 연신 감탄했습니다. 다람쥐는 과학이 무엇인지 알 수 없었지만 매우 유익한 일을 하는 것이라고 생각했습니다.

계족산성(사적)

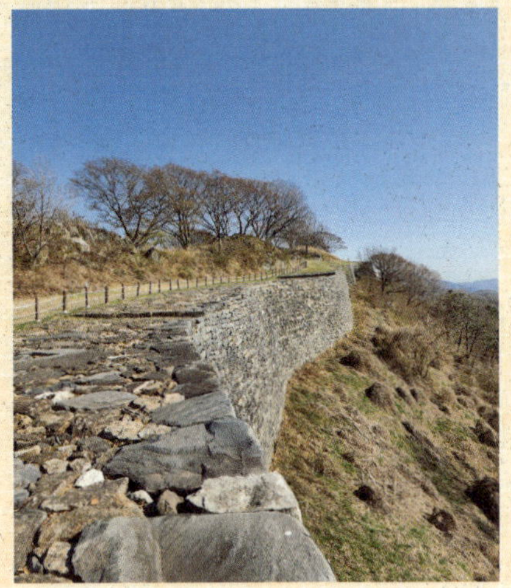

•계족산성

삼국 시대 때 축조된 백제의 산성이다. 둘레 1,037미터, 높이 399미터로 대전 계족산 위에 있다. 우물터와 백제 시대 토기 조각, 건물터와 주춧돌이 남아 있다.

남간정사(대전광역시 유형문화재)

조선 후기 별당식의 건축물로 조선 숙종 때 송시열이 건립하고 제자들을 가르치던 곳이다. 송시열의 문집인 『송자대전』 목판을 보관한 장판각이 맞은편 언덕에 있다.

보문산성(대전광역시 기념물)

보문산에 있으며 삼국 시대 때 백제에서 축조된 석축 산성이다. 둘레는 300미터이고, 남문터와 북서쪽의 서문터가 있다. 백제·고려 시대의 토기와 기와 조각, 청동기 시대의 유물인 민무늬토기가 발견되었다.

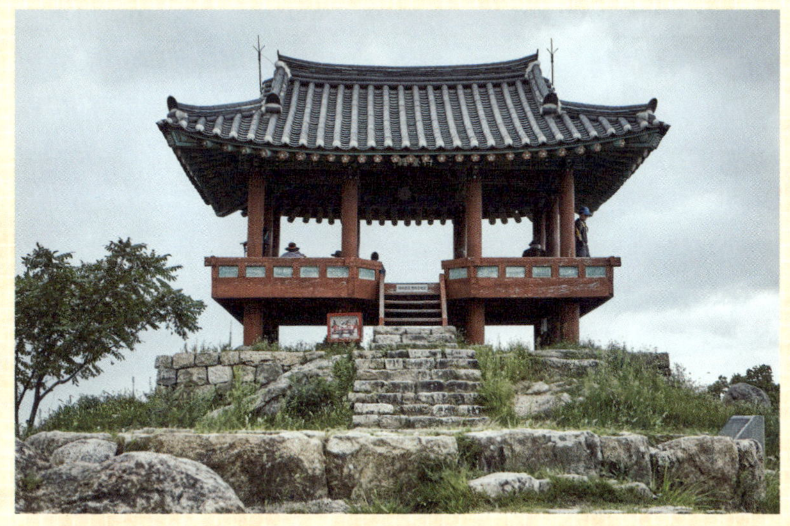

•보문산성 © 문화재청

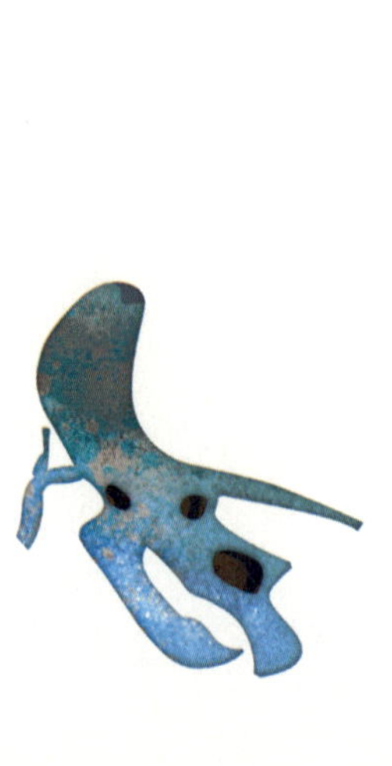

바다처럼 넓은 대청호반

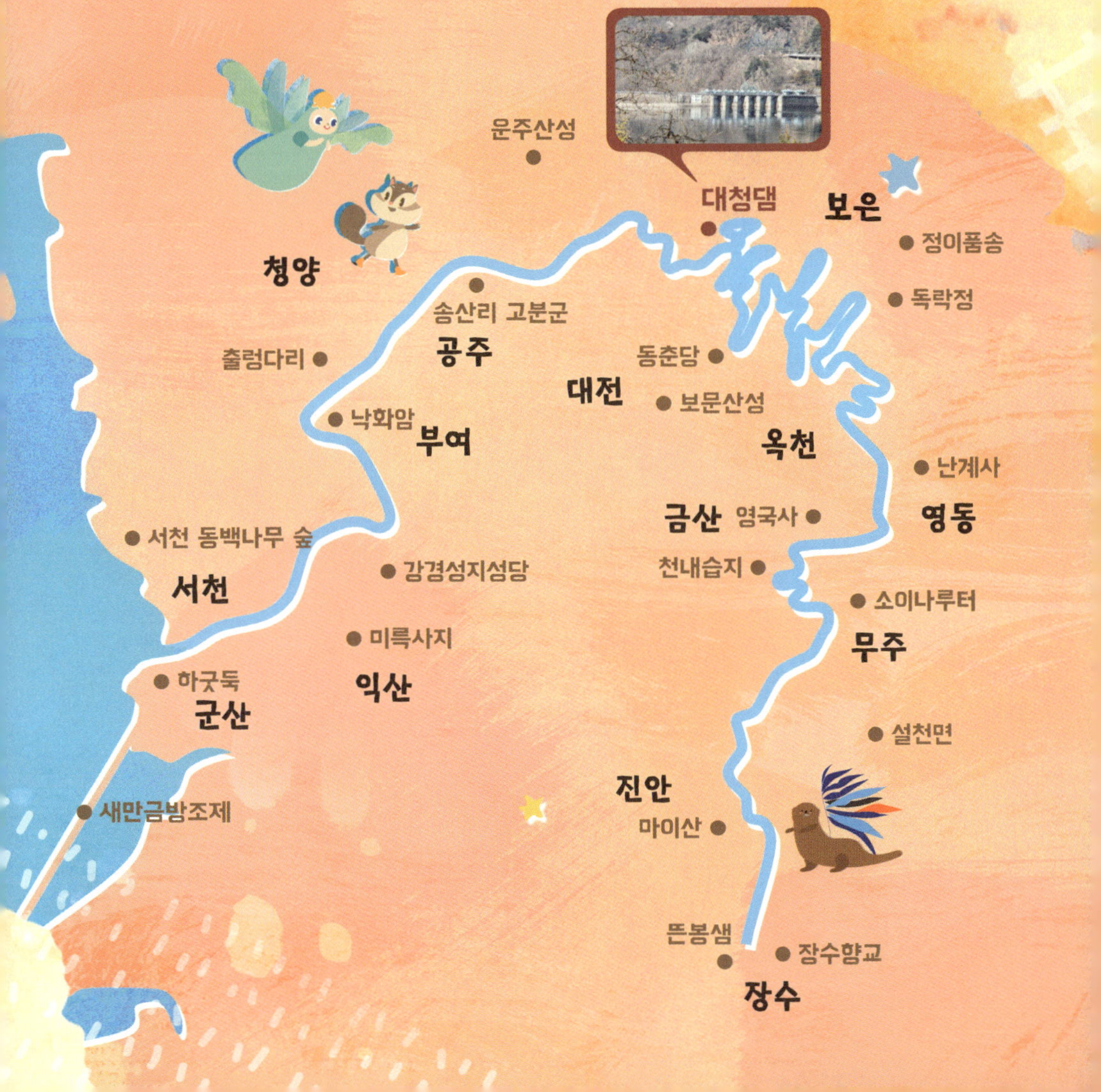

운주산성
대청댐
보은
정이품송
청양
송산리 고분군
독락정
공주
출렁다리
동춘당
대전
보문산성
낙화암
부여
옥천
난계사
금산
영국사
영동
서천 동백나무 숲
강경성지성당
천내습지
서천
소이나루터
미륵사지
무주
하굿둑
익산
군산
설천면
진안
새만금방조제
마이산
뜬봉샘
장수향교
장수

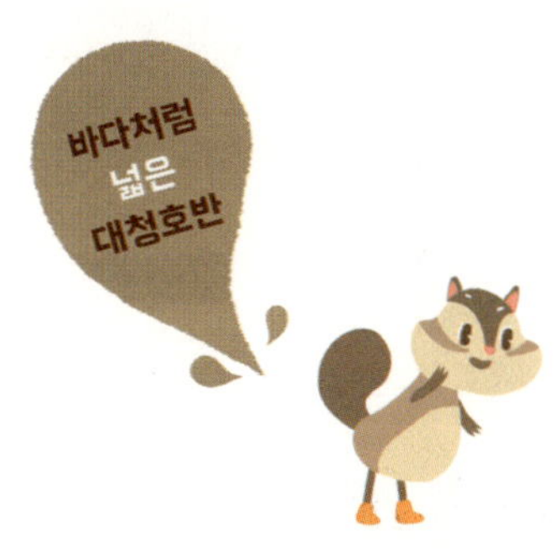

"와, 이게 호수야? 정말 크다. 마치 바다 같아."

호수는 너무 넓고, 다람쥐는 아주 작아서 땅에서는 제대로 보이는 게 없었습니다. 다람쥐는 끝도 없이 펼쳐져 있는 호수를 보기 위해 높은 나무 위로 올라갔습니다. 땅에서 보던 것보다 높은 나무에서 보는 호수는 훨씬 더 넓어서 끝이 보이지 않았습니다.

다람쥐는 바다에 가 본 적은 없지만, 사람들은 물길의 끝이 보이지 않는 것이 바다라고 말했습니다. 대청 호수는 끝없이 펼쳐져서 마치 바다처럼 보였습니다.

"바다처럼 보이는 이곳은 대청호야."

"대청호? 너무 넓어서 끝이 어디인지 모르겠어."

다람쥐는 여전히 나무 위에서 대청호를 바라보았습니다.

"정말 크지? 대청호는 소양호와 충주호에 이어서 세 번째로 큰 호수야. 이름이 왜 대청호인지 알아?"

"아니, 왜 대청호인지 샤샤는 알아? 갑자기 궁금해지네."

"대청호는 대전과 청주 사이에 있어. 그래서 대전과 청주의 앞 글자를 따서 만든 거야."

"아하, 그런 거였구나."

다람쥐가 고개를 끄덕거리며 대전과 청주를 품은 대청호를 바라보았습니다.

대청호는 대전광역시와 충청북도 청주시·옥천군·보은군에 걸쳐 있는 커다란 인공호수입니다.

"보통 큰 호수에는 댐이 있는데, 이곳에도 역시 댐이 있어."

샤샤의 말에 다람쥐가 주변을 둘러보았습니다.

"저기 보이는 곳이 혹시 댐이야?"

"맞아. 저곳을 대청댐이라고 해."

샤샤가 댐을 가리켰습니다.

"저게 댐이라고? 대청댐? 우와! 멋지다."

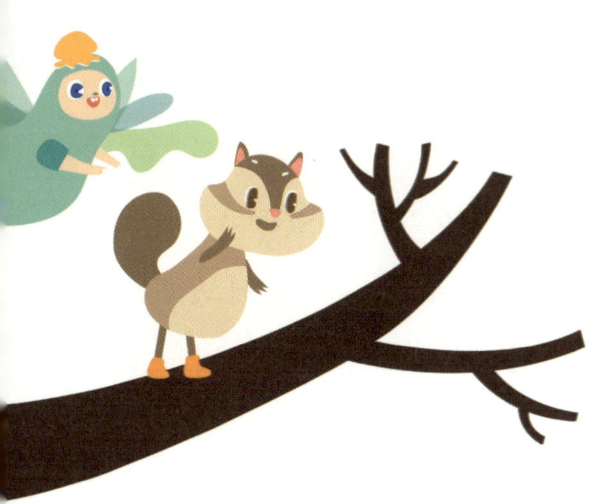

다람쥐가 나뭇가지에 두 발로 선 채로 대청댐을 바라보았습니다. 보기만 했는데도 댐에서 쏟아지는 물살에 떠밀려가는 것만 같았습니다.

"대청댐은 우리나라에서 세 번째로 큰 다목적 댐이야. 텃새도 많이 살고 철새도 끊임없이 날아오는 대청호는 사람뿐만 아니라 다양한 생명을 살아가게 하는 소중한 곳이란다."

"우와! 대청댐은 무척 중요한 역할을 하는구나. 저렇게 큰 댐을 만들다니, 사람들은 정말 대단해."

다람쥐는 바람이 불자 나무에서 떨어질 것 같아 나뭇가지를 꼭 붙잡았습니다. 바람에 따라 대청호의 물결이 흔들리며 반짝거렸습니다. 바람결에 시원한 물 냄새가 날아왔습니다. 대청호의 물맛은 달콤할지도 모른다고 다람쥐는 생각했습니다.

"대청댐을 보았으니 이제 우리 청남대에 가서 쉬자."

대청댐을 둘러본 샤샤가 다람쥐를 이끌었습니다.

"청남대는 뭐 하는 곳이야?"

궁금한 다람쥐가 귀를 쫑긋 세웠습니다.

"청남대는 1983년부터 2003년까지 대통령들이 별장으로 사용하던 곳이야. 현재는 관광지로 사용되고 있어."

샤샤는 다람쥐와 함께 청남대로 향했습니다.

대청호반에 자리 잡은 청남대는 '따뜻한 남쪽의 청와대'라는 뜻입니다. 대통령이 별장으로 사용했던 만큼 청남대 주변은 자연 생태계도 잘 보존되어 있어 대청호반을 따라 아름다운 경치를 즐길 수 있습니다.

청남대에는 본관과 별관, 대통령 기념관, 오각정, 골프장, 양어장, 초가정, 하늘정원, 음악 분수, 산책길 등이 있습니다. 청남대 주변은 자연이 잘 보존되어 있어서 천연기념물인 수달, 날다람쥐와 멧돼지, 고라니, 삵, 너구리, 꿩, 각종 철새 등이 서식하고 있습니다.

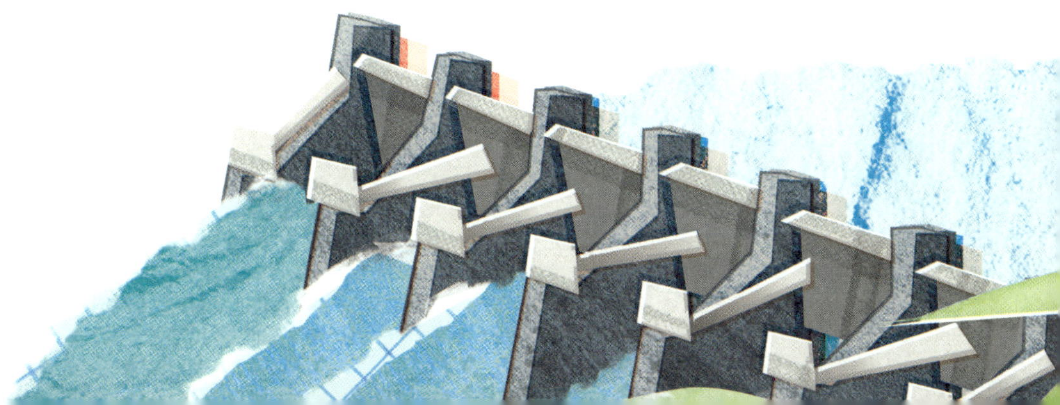

청남대에 도착하여 주변을 둘러본 샤샤와 다람쥐는 계단을 올라갔습니다. 전망대로 올라가는 645개의 계단은 관람객의 행운과 기쁨을 기원하는 의미로 '청남대 행복의 계단'이라고 합니다.

"야호! 전망대에 올라오니까 청남대는 물론이고 대청호반의 아름다운 모습을 모두 볼 수 있네. 정말 아름답고 멋진 풍경이야."

전망대에서는 날씨가 맑은 날이면 청남대 전경은 물론 신탄진과 대전까지 볼 수 있습니다.

"이렇게 멋진 자연을 사람들이 더 이상 파괴하지 않았으면 좋겠어. 사람들이 자연을 훼손하고 파괴할 때마다 가슴이 너무 아파."

다람쥐 곁에서 풍경을 감상하던 샤샤가 침울하게 말했습니다. 샤샤의 말에 다람쥐도 금세 슬퍼졌습니다.

"맞아. 발전도 중요하지만, 동물과 식물들도 아끼고 보존했으면 좋겠어. 사람들이 나무를 마구 베어낼 때마다 갈 곳을 잃은 친구들이 많아져서 몹시 슬퍼. 친구들이 살 곳을 찾아 헤매다가 죽지 않았으면 좋겠어."

샤샤와 다람쥐는 아름다운 자연이 훼손되지 않도록 간절히 기도했습니다.

전망대에서 내려온 샤샤와 다람쥐는 대청호를 따라 경치를 보면서 호수에서 시원한 물을 마셨습니다. 대청호의 물을 마시자 피곤함이 사라지면서 금세 기운이 솟았습니다.

"호수야, 고마워!"

다람쥐가 대청호에게 고마움을 전했습니다. 그 모습을 본 샤샤가 살며시 웃었습니다. 물 한 모금에도 감사할 줄 아는 다람쥐가 몹시 자랑스러웠습니다.

대청호반과 청남대를 둘러본 샤샤와 다람쥐는 대전 회덕의 동춘당에서 쉬기로 했습니다.

동춘당은 조선 효종 때 이조판서와 병조판서를 지낸 송준길의 호인 동춘당을 따서 지은 별당입니다. 동춘당은 집 자체가 화려하다기보다는 단아하다는 말과 더 잘 어울렸습니다.

송준길의 학풍과 인격을 기리기 위해 지어진 동춘당은 '늘 살아 움직이는 봄과 같다.'는 뜻입니다. 동춘당에 걸린 현판은 우암 송시열이 썼습니다. 현판과 동춘당은 보물로 지정되었습니다.

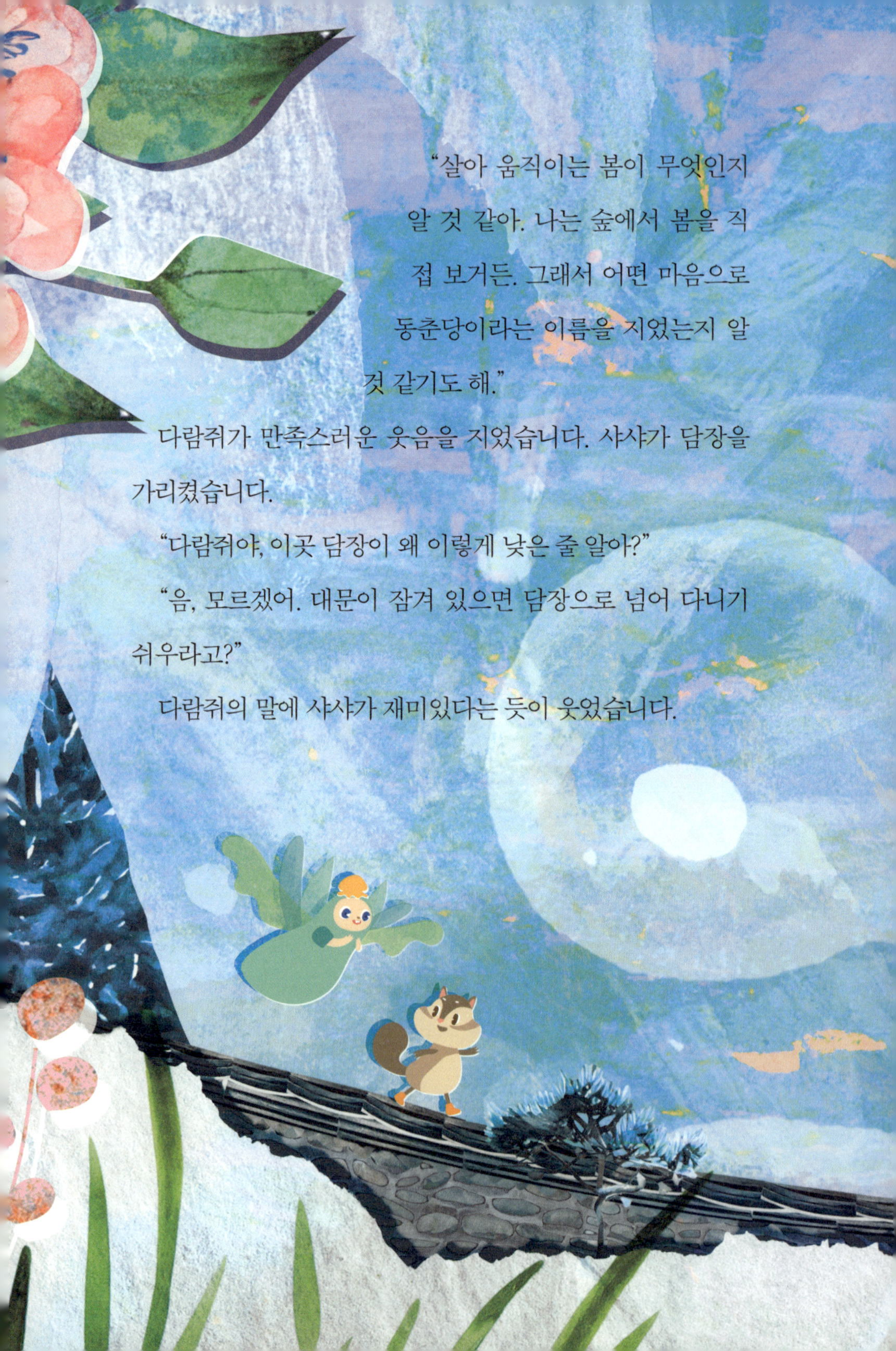

"살아 움직이는 봄이 무엇인지 알 것 같아. 나는 숲에서 봄을 직접 보거든. 그래서 어떤 마음으로 동춘당이라는 이름을 지었는지 알 것 같기도 해."

다람쥐가 만족스러운 웃음을 지었습니다. 샤샤가 담장을 가리켰습니다.

"다람쥐야, 이곳 담장이 왜 이렇게 낮은 줄 알아?"

"음, 모르겠어. 대문이 잠겨 있으면 담장으로 넘어 다니기 쉬우라고?"

다람쥐의 말에 샤샤가 재미있다는 듯이 웃었습니다.

동춘당의 담이 낮은 이유는 인간은 자연의 일부이니 자연과 조화를 이루고 너와 나 사이의 구분을 짓지 않는다는 의미가 담겨 있습니다.

"동춘당은 선비들의 독서와 강학, 집회소의 기능을 겸비한 곳으로 사용되었어. 그러면서 사람도 자연의 일부라서 함부로 자연을 훼손하면 안 된다는 것을 깨닫게 한 거야."

"그랬구나. 이곳에서 공부한 사람들은 참 멋진 선비였을 것 같아. 소중한 동춘당이 훼손되지 않도록 잘 보존하면 좋겠다."

샤샤와 다람쥐는 옛 선인들의 발자취를 느끼면서 동춘당에 오랫동안 머물렀습니다. 햇살이 따스하게 샤샤와 다람쥐를 따라다녔습니다.

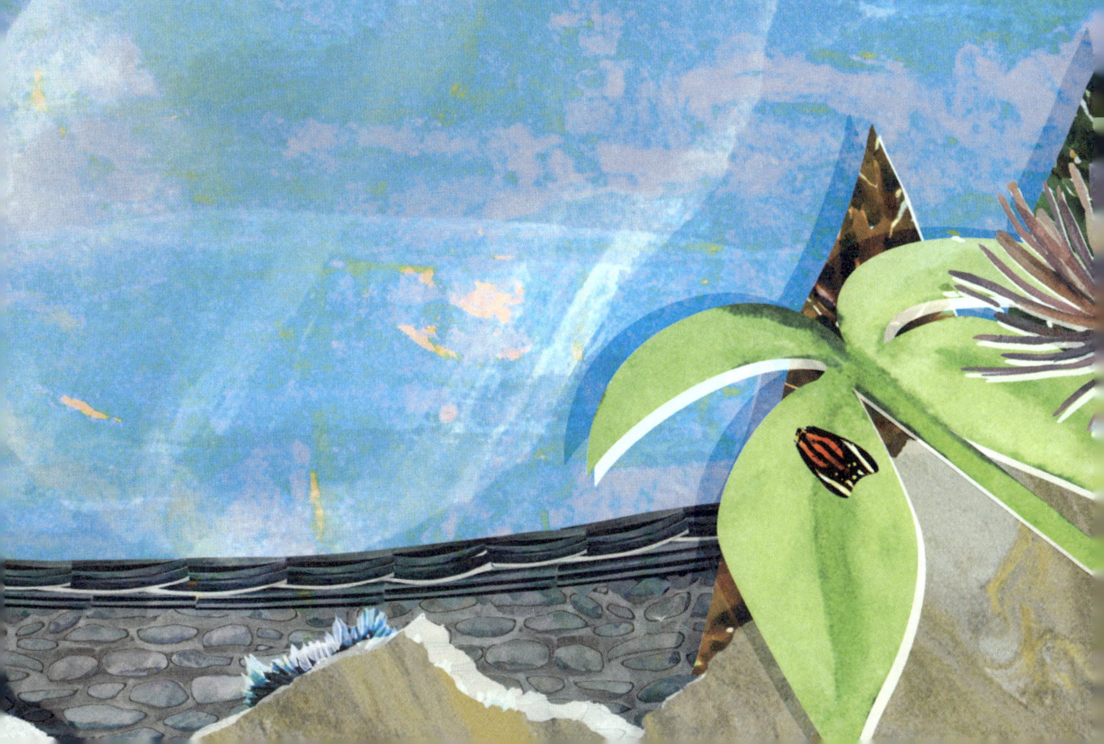

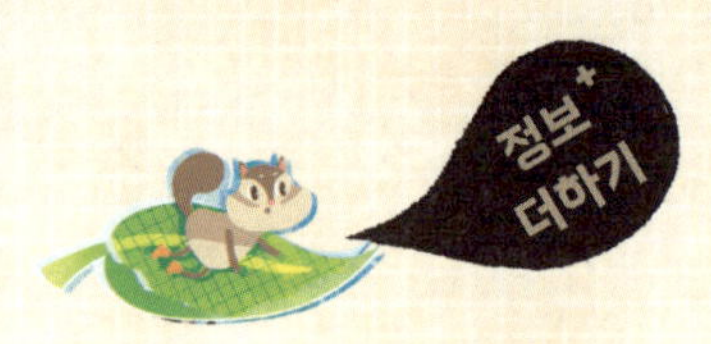

대청댐

연간 2억 4,000만 킬로와트의 전기를 생산하는 대청댐은 중부 지역에 공해 없는 에너지를 공급하여 경제 발전의 원동력이 되는 중요한 댐이다. 예로부터 금강 하류 지역은 홍수가 빈번하여 피해가 컸다. 하지만 대청호를 만들면서 더는 홍수로 인한 피해를 입지 않게 되었다. 대청호는 대전, 청주 지역의 식수와 생활용수, 공업용수를 공급하는 생명의 물길이다. 금강 하류 지역 농경지에 농업용수를 공급하기도 한다.

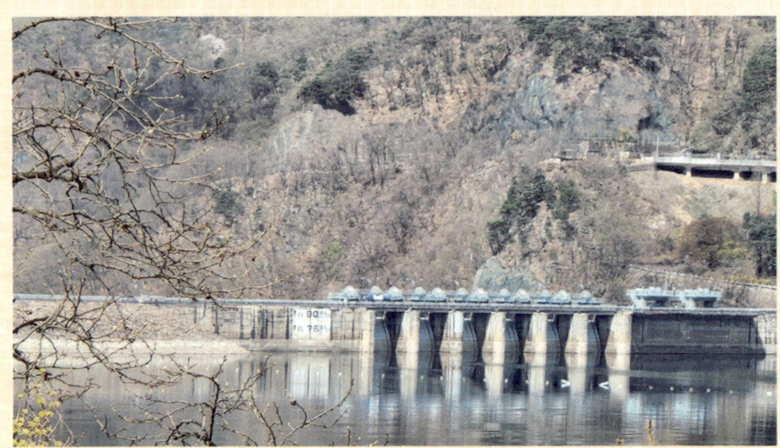

•대청댐

우암 송시열

조선 후기의 조선 후기의 문신으로 이조판서, 좌의정과 우의정을 지냈다. 정통 성리학자·철학자·정치가이자 시인으로 호는 우암이다. 효종의 스승이었으며 효종과 함께 북벌 계획을 추진했다. 우암 송시열은 정통 성리학자로서 주자의 학설을 전적으로 신봉하고 실천하는 삶을 살았다.

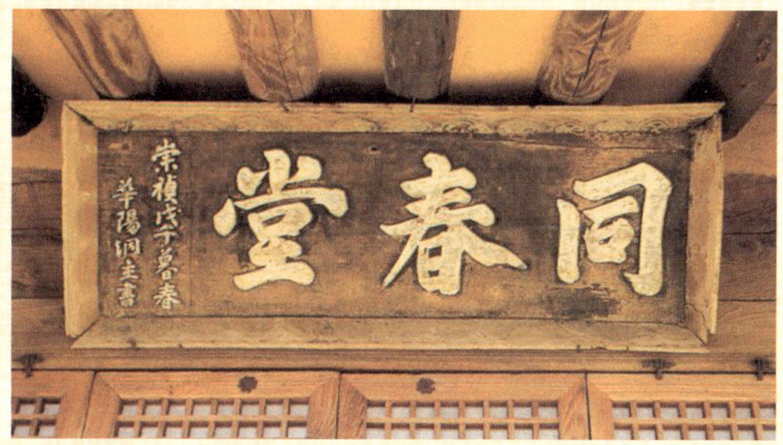

•송시열이 쓴 동춘당 현판 © 문화재청

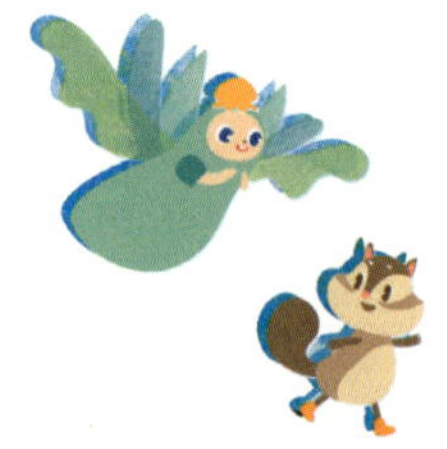

선사 시대 무덤, 고인돌

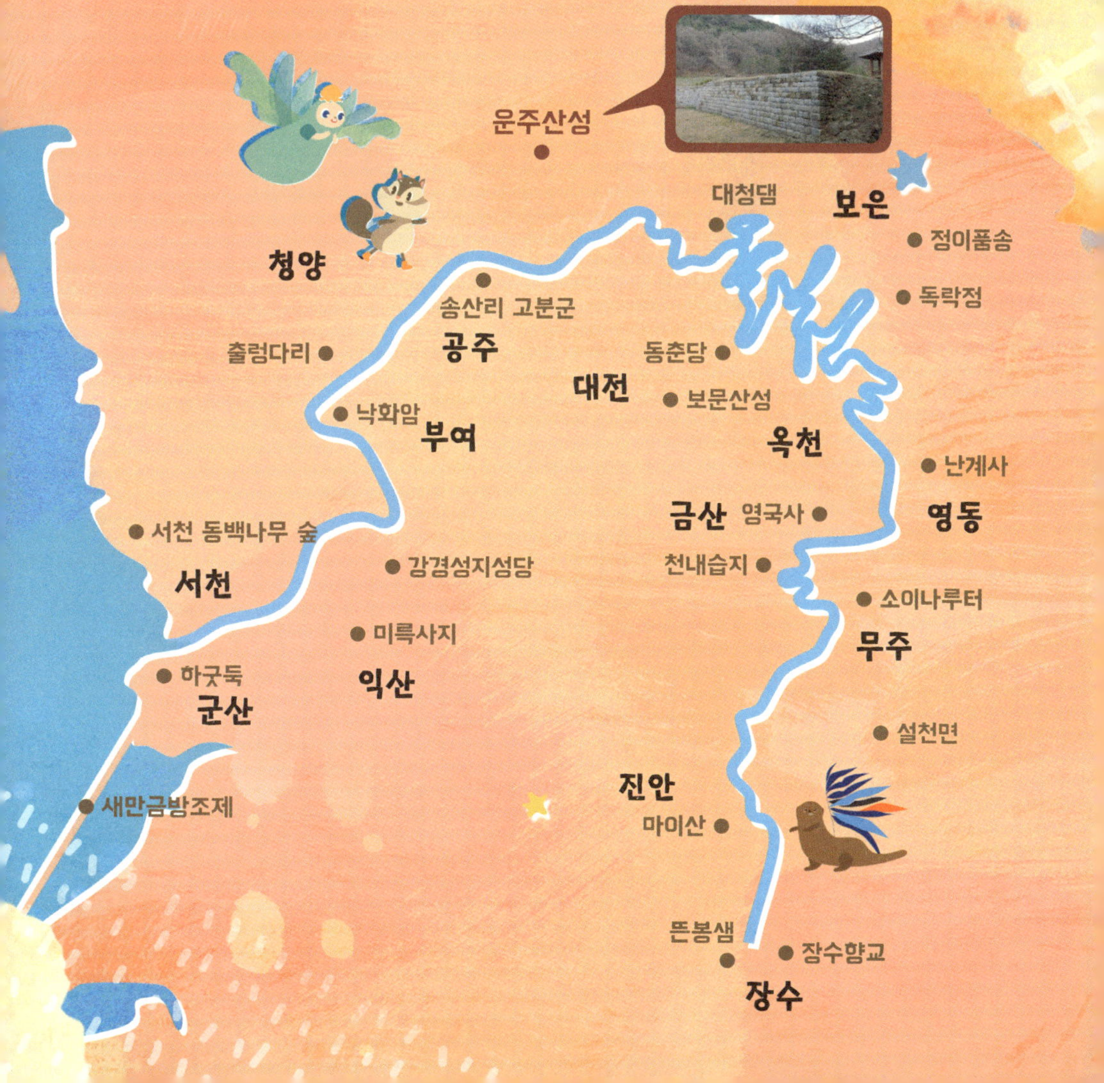

운주산성
대청댐
보은
정이품송
청양
독락정
송산리 고분군
공주
출렁다리
동춘당
대전
보문산성
낙화암
부여
옥천
난계사
금산
영국사
영동
서천 동백나무 숲
서천
강경성지성당
천내습지
소이나루터
무주
미륵사지
하굿둑
군산
익산
설천면
진안
새만금방조제
마이산
뜬봉샘
장수향교
장수

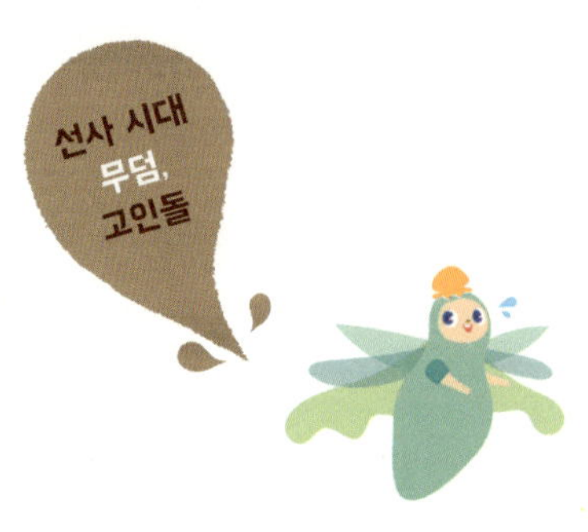

"커다란 돌이 돌기둥 위에 올려져 있네. 이건 뭘까?"

풀밭 위에 두 개의 큰 돌이 세워져 있고, 그 위로 더 큰 돌이 가로로 얹어진 모습을 본 다람쥐가 궁금해했습니다.

"이건 고인돌이라고 하는 건데, 다니면서 본 적이 있을 거야."

"맞아. 본 것도 같은데 고인돌이 뭔지는 모르겠어."

"고인돌은 선사 시대 때 돌로 만든 무덤인데, 지석묘라고도 해. 고인돌은 사람들이 여러 가지 의식을 거행하던 '제단 고인돌'과 죽은 사람을 묻기 위하여 만든 '무덤 고인돌'로 나눠. 우리나라에 있는 고인돌은 대부분 무덤 고인돌이야."

"그렇구나. 옛날에는 기계도 없었을 텐데 사람들은 이렇게 크고 무거운 돌을 어떻게 돌기둥 위에 올려놓았을까? 사람들은 정말 대단한 일을 많이 하는 것 같아."

다람쥐가 고인돌 주변을 돌아다니며 고개를 갸웃거렸습니다. 보고 또 봐도 공룡이 살던 시대를 거쳐 오랜 세월 태풍에도 끄떡없이 견뎌온 고인돌이 신기하기만 했습니다.

다람쥐는 고인돌 위에 올라가 보고 싶었습니다. 고인돌 위로 올라가려고 폴짝거리던 다람쥐는 고인돌 위로 오르지 못하고 미끄러지고 말았습니다.

포로롱거리며 날아다니던 샤샤가 빠르게 다가와 다람쥐를 살폈습니다.

"다람쥐야, 괜찮아?"

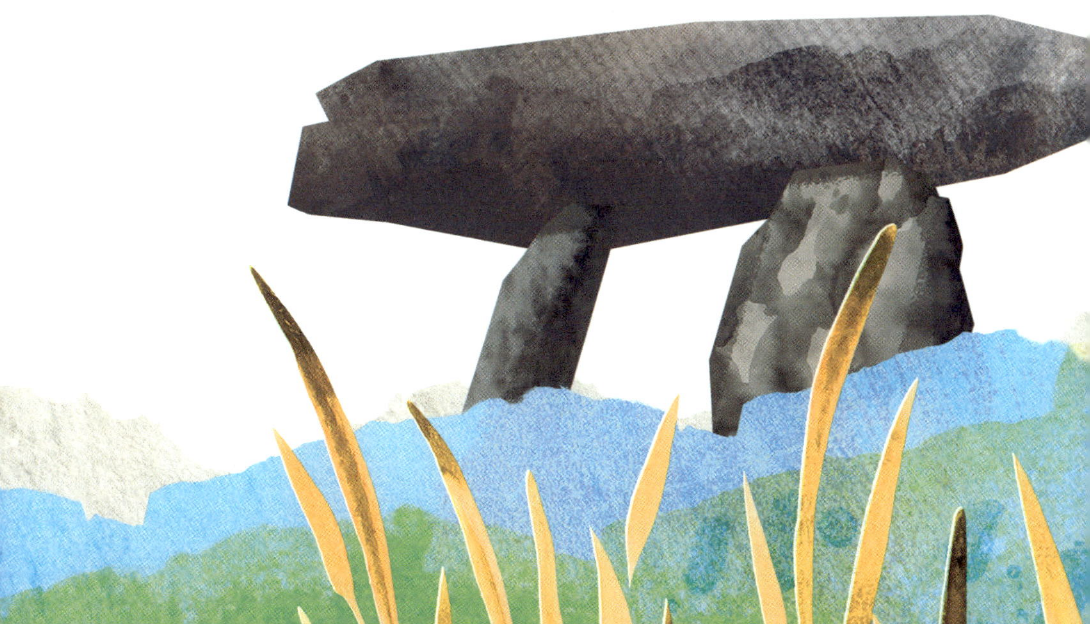

"응, 조금 놀라기만 했어. 괜찮아. 고인돌은 올라가는 것보다 멀리서 보는 게 안전한 것 같아."

"맞아. 무덤 위에 올라가는 것은 좋지 않아."

다람쥐는 샤샤와 함께 다니는 것이 무척 즐거웠습니다. 숲에서 친구들과 지내는 생활도 만족스러웠지만, 샤샤와 함께 여행을 다니다 보니 세상은 숲속보다 훨씬 더 넓고 다양하다는 것을 알게 되었습니다. 여행하면서 모험을 즐기는 것 같기도 했습니다. 그동안 숲에서 보지 못했던 많은 것들을 보고 들으며 직접 경험할 수 있다는 것이 무엇보다 좋았습니다.

다람쥐는 금강의 끝까지 가면서 더욱 많은 것을 보고 싶었습니다.

"다람쥐야, 우리 운주산성에 가서 마음 놓고 뛰어놀자."

"산성에서 놀다니, 재미있겠다."

샤샤와 다람쥐는 산성에서 놀기 위해 빠르게 움직였습니다.

"산성이 무척 크고 길구나. 이렇게 긴 산성은 처음 보는 것 같아."

"이 산성은 통일 신라 시대에 만들어진 거야."

샤샤의 말이 끝나기도 전에 다람쥐는 신나서 산성 위를 마구 달렸습니다. 아무리 달려도 산성의 끝이 보이지 않았습니다.

산성에서 오랫동안 신나게 뛰어다닌 다람쥐와 샤샤는 바람이 살랑살랑 불어오는 나무 그늘에서 낮잠을 잤습니다.

연기군에는 고인돌과 산성이 많습니다. 운주산성 · 이성산성 · 당산성 · 망경산성 · 고려산성 · 고산산성 · 증산성 등이 있습니다.

고인돌

고인돌은 지석묘라고도 하며 선사 시대 때 돌로 만든 무덤이다. 고인돌은 뚜껑 구실을 하는 넓은 덮개돌을 여러 개의 굄돌이 받치고 있다. 고인돌은 사람들이 절대적으로 믿고 있던 대상, 혹은 자연의 힘에 따라 여러 가지 의식을 거행하던 '제단 고인돌'과 죽은 사람을 묻기 위하여 만든 '무덤 고인돌'로 나뉜다. 우리나라에 있는 고인돌은 대부분 무덤 고인돌이다. 우리나라에는 땅 위에 커다란 덮개돌만 드러나 있는 구덩식 고인돌이 가장 널리 분포하고 있다.

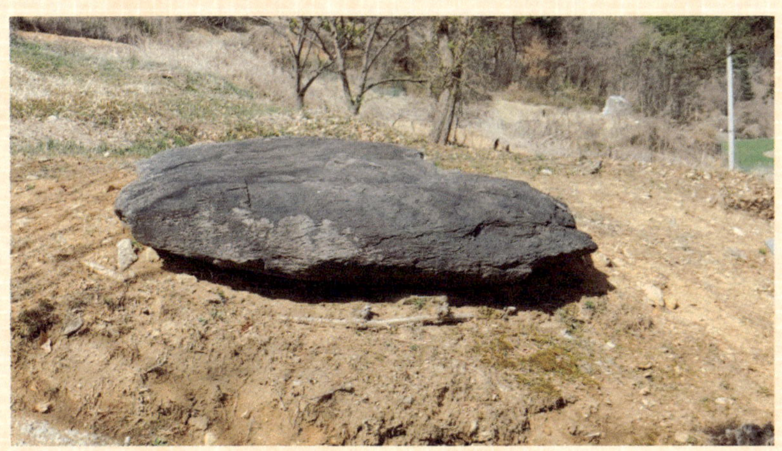

•국곡리 고인돌

운주산성

충청남도의 기념물로 지정되었으나, 2012년 12월 31일 세종특별자치시 기념물로 재지정된 운주산성은 학술적으로, 역사적으로 중요한 유적이다. 『신증동국여지승람』에서는 운주산성을 고산산성으로 기록하고 있다. 산성 둘레가 3,098미터에 달하는 바깥 성과 그 안쪽에도 543m에 달하는 성이 있어, 외성과 내성으로 구분되어 있다. 우리나라에 있는 산성 중 보기 드물게 큰 대형 산성인 운주산성은 외성과 내성 모두 돌로 쌓았다. 성 내부에는 다수의 건물지, 우물터, 절터 등이 분포되어 있으며, 백제 시대 토기 조각과 고려·조선 시대의 자기 조각, 백제부터 조선 시대까지의 기와 조각 등이 출토되었다.

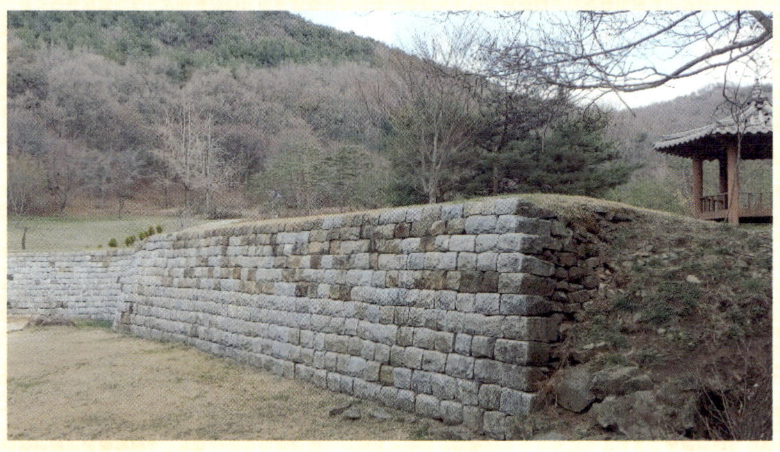

•운주산성

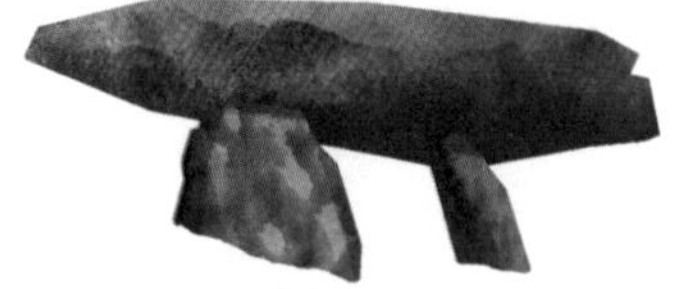

세계문화유산, 공산성과 무령왕릉

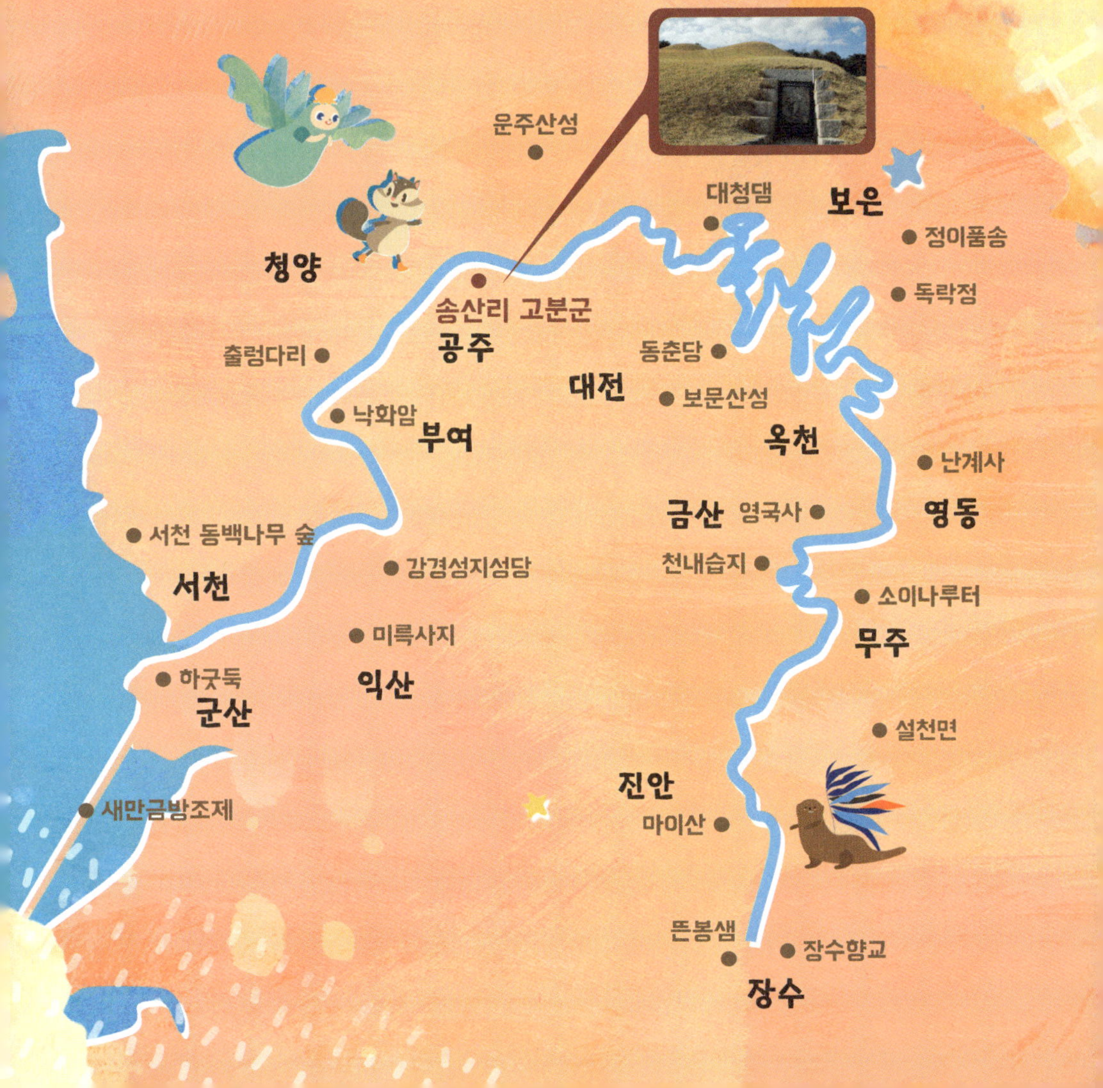

운주산성
대청댐
보은
정이품송
청양
독락정
송산리 고분군
공주
출렁다리
동춘당
대전
보문산성
낙화암
부여
옥천
난계사
금산
영국사
영동
서천 동백나무 숲
서천
강경성지성당
천내습지
소이나루터
미륵사지
무주
하굿둑
군산
익산
설천면
진안
새만금방조제
마이산
뜬봉샘
장수향교
장수

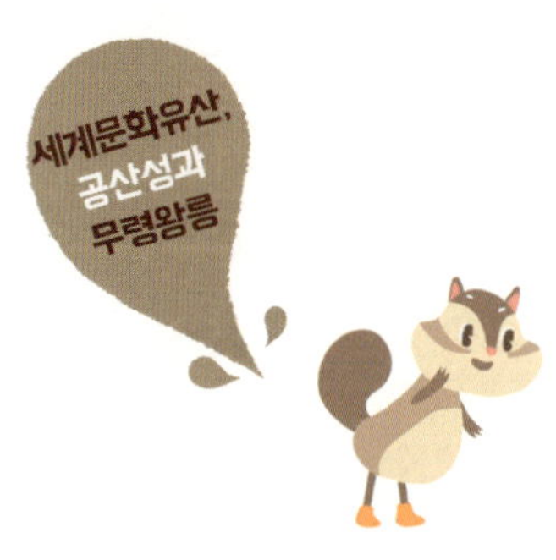

"여기는 공주야."

"공주? 공주님은 어디에 있어?"

주위를 두리번거리는 다람쥐를 보면서 샤샤가 웃음을 터트렸습니다.

"왕자님과 공주님 할 때 그 공주가 아니고 사람들이 사는 이곳 지명을 공주라고 하는 거야."

"아하! 나는 이곳에 공주님이 있다는 줄 알았지."

다람쥐가 킥킥거리며 웃었습니다.

"공주는 백제의 도읍지이자 문화의 중심지였기 때문에 우리가 다녔던 곳보다 문화재가 훨씬 많아."

샤샤의 말에 다람쥐가 귀를 쫑긋거렸습니다. 다람쥐는 여행을 끝내고 돌아가면 숲속의 친구들에게 여태껏 보았던 다양한 이야기를 알려 주고 싶었습니다. 숲속의 친구들에게 이야기해 주려면 샤샤의 설명에 귀를 기울여야 합니다.

"우리는 계속 금강을 따라 여행하고 있는 거잖아. 저기 보이는 강이 금강 맞지?"

다람쥐가 아는 척을 하자 샤샤가 박수를 쳤습니다. 다람쥐는 기분이 좋아졌습니다.

"맞아. 공주에서는 금강을 웅진강이라고 부르기도 해."

"이곳에서는 금강을 웅진강이라고 부른다고? 똑같은 강을 지역에 따라서 다른 이름으로 부르기도 하는구나. 새로운 것을 또 알게 되었네."

다람쥐는 금강에 대해 더 자세히 알고 싶어졌습니다. 샤샤와 여행을 떠나지 않았다면 결코 알 수 없었던 것들을 아는 것도 무척 재미있었습니다. 예전에는 그냥 지나치던 것들도 이제는 새롭게 보였습니다.

"백제 시대 때 도성이었던 공산성에 가 볼까?"

샤샤가 앞장서서 날아갔습니다. 다람쥐가 신난 듯 샤샤의 뒤를 따라갔습니다.

샤샤와 다람쥐는 공산성(사적)으로 향했습니다.

"우와, 이곳은 우리가 보았던 것 중에 가장 큰 성인 것 같아. 과학과 기술이 발달 되지 않았던 옛날에 어떻게 이런 성을 지을 수가 있지?"

위엄 가득한 모습으로 백제의 기운을 내뿜고 있는 공산성을 본 다람쥐가 연신 감탄했습니다.

"어? 너는 이곳에 사는 다람쥐가 아니구나."

샤샤와 다람쥐가 소리나는 쪽으로 고개를 돌렸습니다. 공산성에 사는 비둘기가 다람쥐를 보며 소나무 위에 앉아 있었습니다.

"나는 이곳 공산성에 사는 비둘기인데, 너희들은 처음 봐."

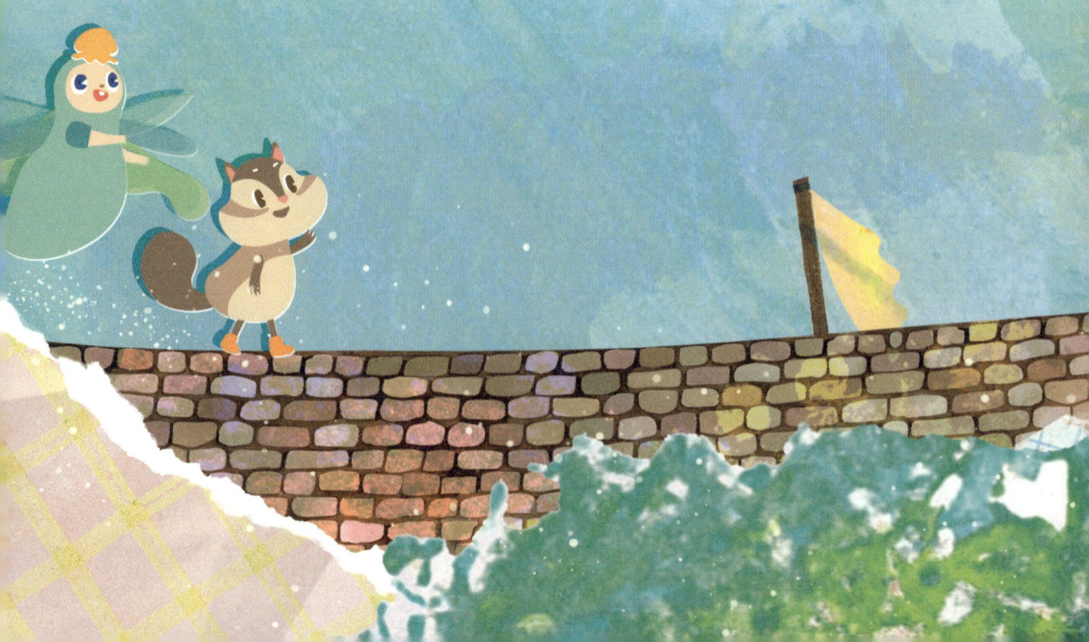

비둘기의 목소리는 호기심이 가득했습니다.

"비둘기야, 안녕? 나와 다람쥐는 금강을 따라 여행 중에 공산성에 들른 거야."

"이곳이 어떤 곳인지 알고 온 거야?"

"백제 시대 때 성이라는 것만 알고 왔어. 너는 이곳에 살고 있으니 잘 알겠구나."

사샤의 말에 비둘기가 구구 울었습니다.

"그렇지. 내가 공산성에 대해 알려 줄게. 공산성은 백제 문주왕 때부터 백제의 정치·경제·문화의 중심지인 공주를 보호

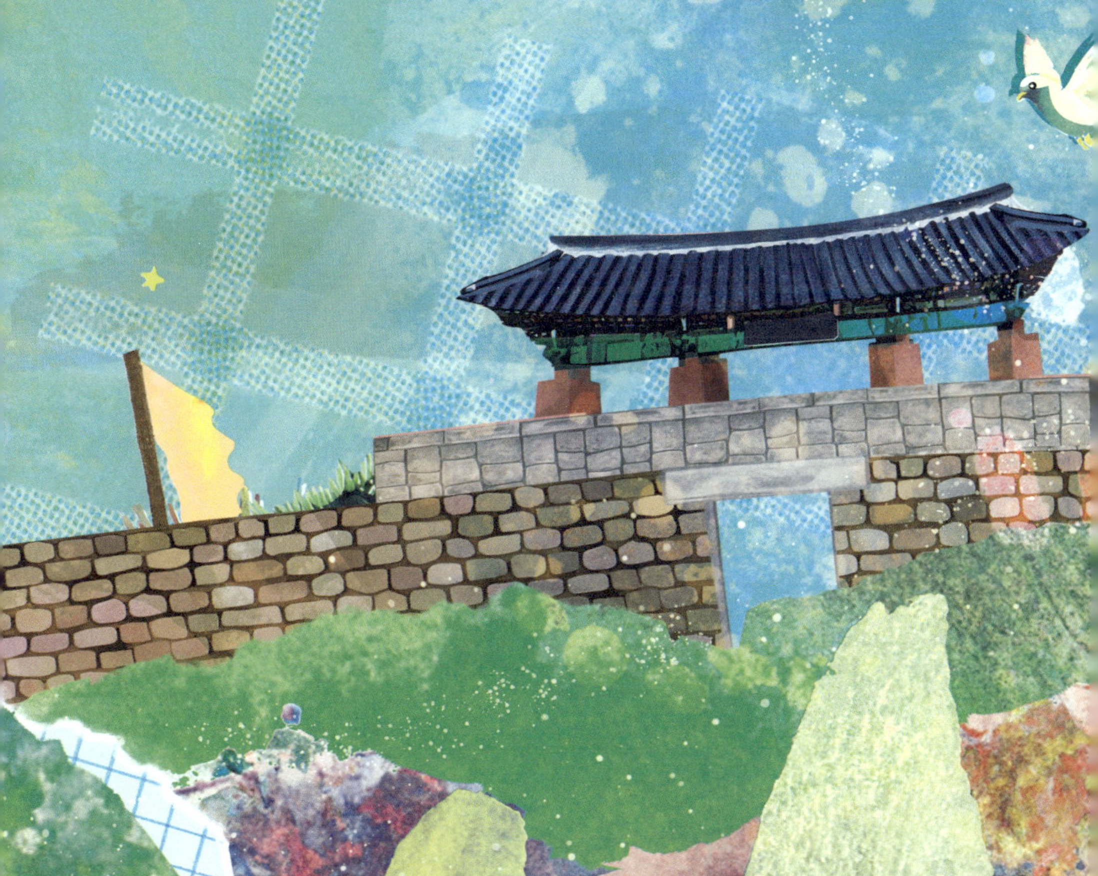

하기 위해 만들어진 성이야. 성의 둘레는 2,200미터란다. 공산성은 웅진성, 쌍수산성이라고도 해."

"그렇구나. 비둘기는 무척 똑똑하네. 공산성에 대해 이렇게 잘 알고 있다니."

다람쥐가 감탄하자 비둘기의 목소리에는 더욱 힘이 실렸습니다.

"공산성 안에는 쌍수정사적비(충청남도 유형문화재) · 명국삼장비(충청남도 유형문화재) · 공북루(충청남도 유형문화재) · 광복루(충청남도 문화재자료) · 진남루(충청남도 문화재 자료) · 연못터(충청남도 기념물)가 있어. 그러니까 천천히 둘러보는 것이 좋아."

백제 시대 때 살았던 사람들의 모습을 상상하면서 샤샤와 다람쥐는 비둘기의 안내를 받아 드넓은 공산성을 둘러보았습니다.

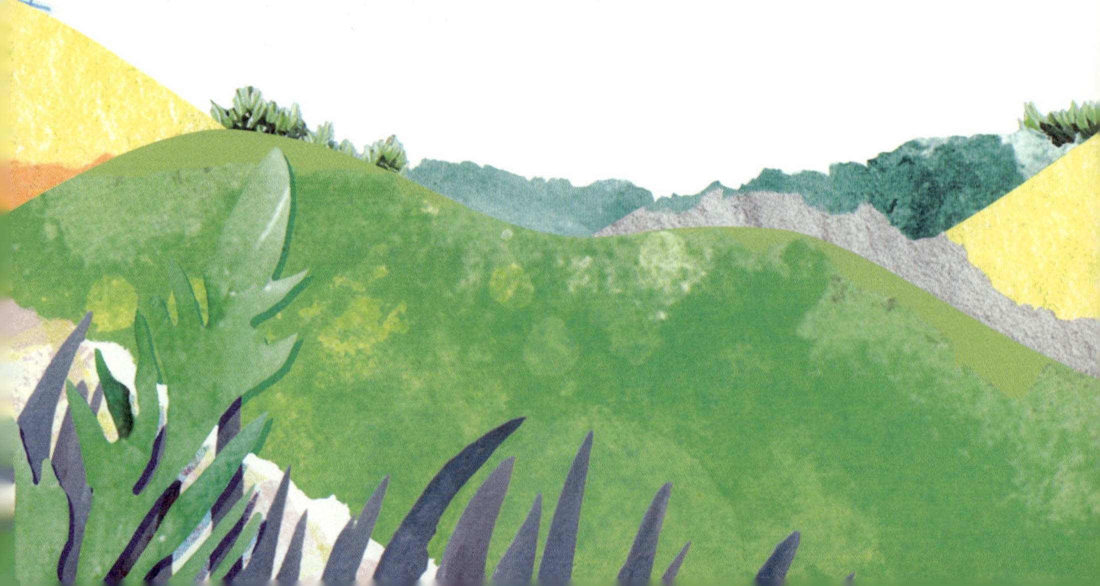

"얘들아, 이제 왕의 무덤이 있는 곳을 보여 줄까?"

비둘기를 따라 샤샤와 다람쥐는 왕들의 무덤이 모여 있는 송산리 고분군(사적)으로 향했습니다.

세계문화유산에 등재된 송산리 고분군에는 무령왕릉을 포함하여 모두 여섯 개의 고분이 있습니다. 계곡을 사이에 두고 서쪽에는 무령왕릉과 5·6호분이 있고 동북쪽에는 1호부터 4호분까지 있습니다. 무령왕릉은 백제의 사회와 문화를 연구하는 데 귀중한 자료입니다.

"마치 낮은 언덕처럼 보이는 이곳이 왕들의 무덤이라고?"

무령왕릉을 본 샤샤와 다람쥐의 눈이 휘둥그레졌습니다.

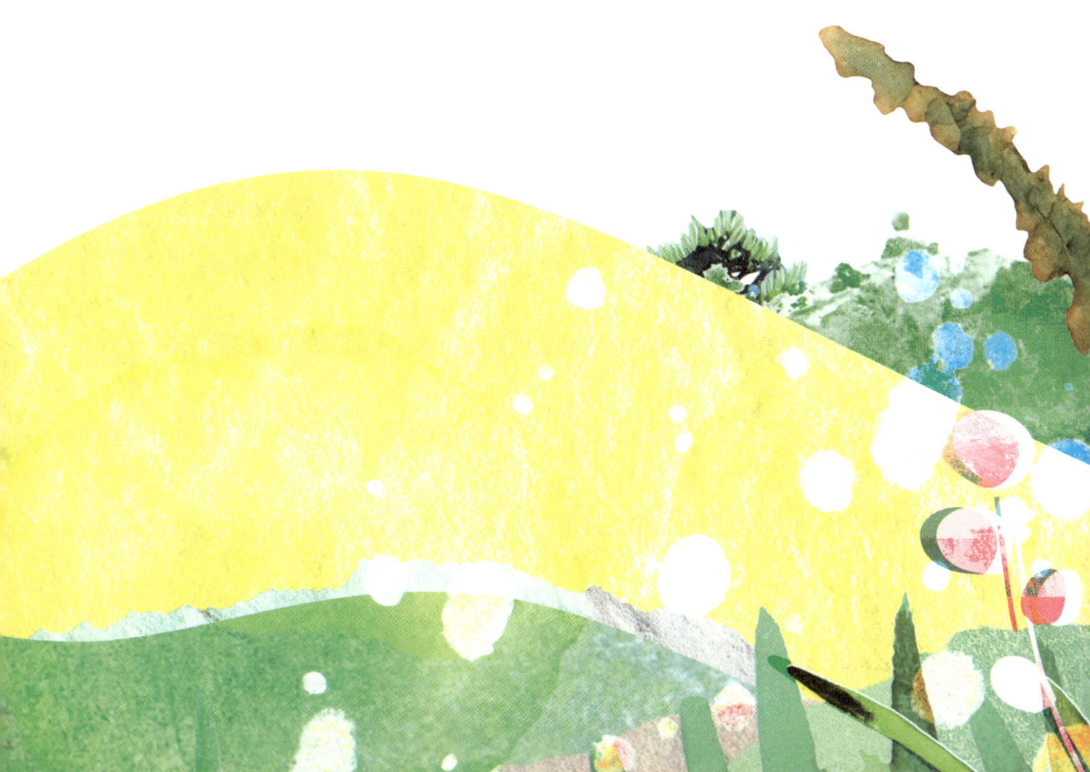

"무척 크지? 옛날에 왕들이 죽으면 저 무덤 안에다 많은 것들을 같이 묻었어. 발굴된 것들로 연대를 추정하고 그 시대 문화생활을 연구하기도 해."

"비둘기 덕분에 많은 것을 알게 되었어. 고마워."

무령왕릉은 수많은 국보급 유물을 간직한 채 완전히 보존된 상태로 발굴되었습니다. 덕분에 찬란한 백제 문화를 세밀하게 알 수 있게 되었습니다.

"저곳에서 발견된 것들은 모두 어디에 있어?"

"공주국립박물관에 있지. 너희들은 그곳으로 가서 백제 시대의 유물을 살펴보는 것도 좋을 거야. 나는 이제 친구들이 기다리는 공산성으로 가야 해."

샤샤와 다람쥐는 공산성으로 날아가는 비둘기에게 고마운 마음을 전했습니다.

"공주국립박물관에는 어떠한 유물이 있을지 너무 궁금하다. 어서 가자."

고분에서 어떠한 유물이 나왔을지 궁금해진 다람쥐는 샤샤를 재촉했습니다.

박물관을 둘러보는 샤샤와 다람쥐는 화려한 백제 시대의 유물에서 눈을 떼지 못했습니다. 금으로 만든 화려한 왕관과 귀금속은 현대에도 그렇게 만들기 어려워 보일 만큼 정교하고 아름다웠습니다.

"기술이 발달하지 않았던 옛날에 사람들이 저렇게 섬세하게 만들 수 있다는 것이 너무 놀라워. 마음만 먹으면 무엇이든 만들어내는 사람들은 정말 위대한 것 같아."

다람쥐는 화려하면서도 섬세하게 만들어진 유물을 보면서 감탄했습니다.

"맞아. 사람들의 세계는 우리가 알지 못하는 창조적인 것들이 너무 많아."

"옛날 것을 찾아서 보관하는 것도 대단해. 이렇게 많은 문화재가 있다니 정말 놀라워. 그만큼 역사도 깊을 것 같아."

"사람들은 옛것을 소중하게 여기며 보존하는 것을 중요하게 생각해."

샤샤가 다람쥐의 말에 맞장구를 쳤습니다.

다람쥐는 사람들의 만들어 가는 세상이 무척 흥미로웠습니다.

"공주에는 감탄할 만한 문화재가 많구나. 아름다운 유물들이 훼손되지 않게 잘 지키는 일이 무척 중요할 것 같아."

"그렇지, 유물 대부분이 훼손되지 않도록 보존하고 자손 대대로 보여 줄 수 있는 역할을 박물관에서 하는 거야."

"그렇구나. 박물관은 참 중요한 곳이네."

샤샤의 말에 다람쥐가 고개를 끄덕였습니다.

"공주는 충청남도에서 천주교가 처음으로 전해진 곳이기도 해. 1866년 병인박해를 피해 전국 각지에서 천주교 신자들이 모인 거지. 지은 지 100년이 훨씬 넘은 중동성당(충청남도 기념물)은 공주에서 최초로 지어진 성당이야. 천주교 성당뿐만 아니라 공주에는 갑사·동학사·신원사·마곡사라는 절도 유명하단다."

다람쥐는 역사가 깊고 문화재가 많은 공주가 무척 마음에 들었습니다.

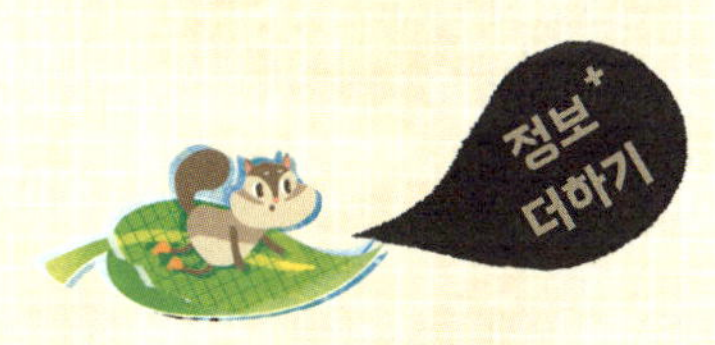

송산리 고분군

백제 시대 때 중심지였던 공주에는 백제의 유적이 곳곳에 있다. 백제의 도성으로 추정되는 공산성과 송산리 무령왕릉을 비롯하여 여섯 개의 고분이 있는 송산리 고분군은 2015년에 유네스코 백제역사유적지구로 등재되었다.

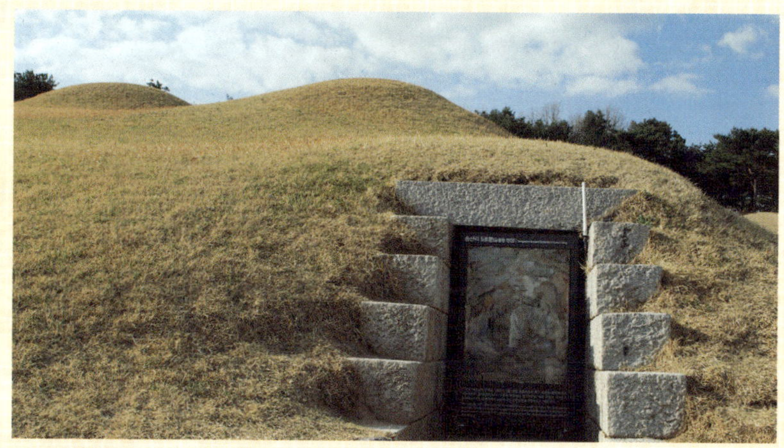

• 송산리 고분군

공주국립박물관

충청남도 공주시에 있는 국립공주박물관은 공주시 송산리 고분군에서 발굴한 무령왕릉과 대전, 충남 지역에서 출토된 유물을 포함해서 3만여 점의 문화재를 수집, 보관하고 있다. 무령왕릉은 완전한 상태로 발견되어 백제 문화를 잘 보여 주는 진귀한 보물 창고이다.

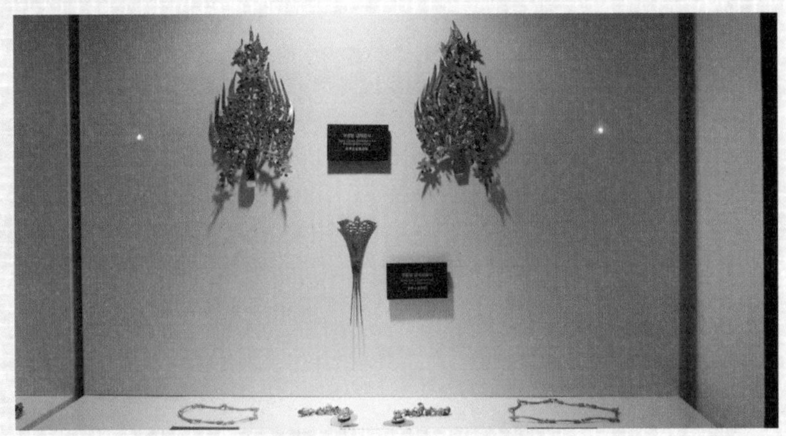

•무령왕 금제 관식(국보, 금으로 만든 무령왕의 왕관 장식)

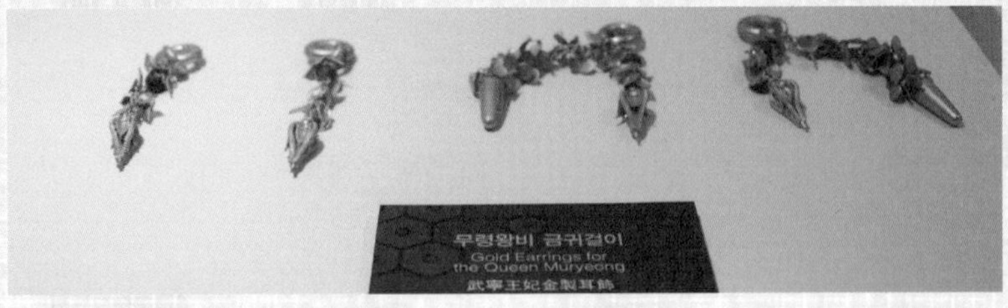

•무령왕비 금귀걸이

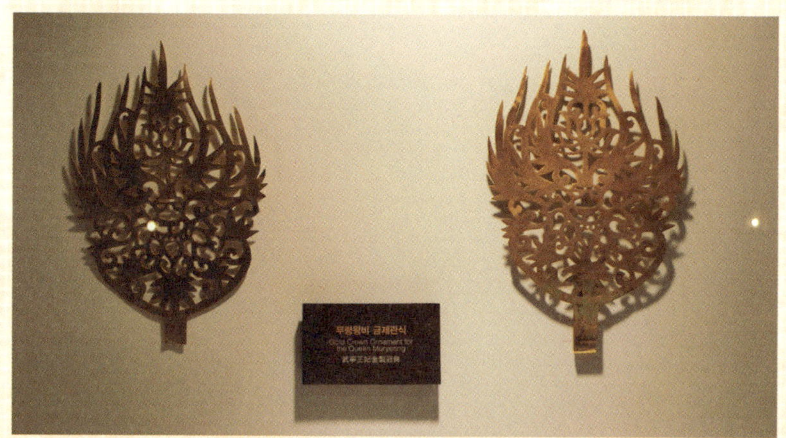

•무령왕비 금제 관식(국보, 금으로 만든 무령왕비 왕관 장식)

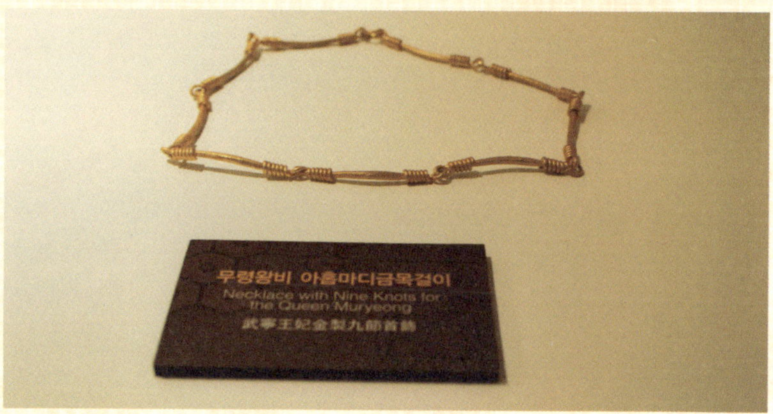

•무령왕비 아홉마디 금목걸이

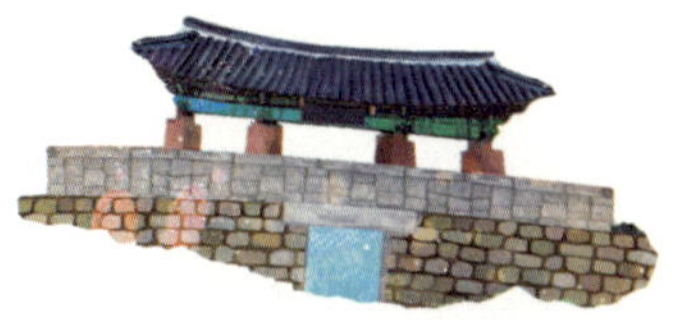

매운 고추와 출렁다리

운주산성
대청댐
보은
정이품송
청양
독락정
송산리 고분군
출렁다리
공주
동춘당
대전
보문산성
낙화암
부여
옥천
난계사
금산
영국사
영동
서천 동백나무 숲
강경성지성당
천내습지
서천
소이나루터
미륵사지
무주
하굿둑
익산
군산
설천면
진안
새만금방조제
마이산
뜬봉샘
장수향교
장수

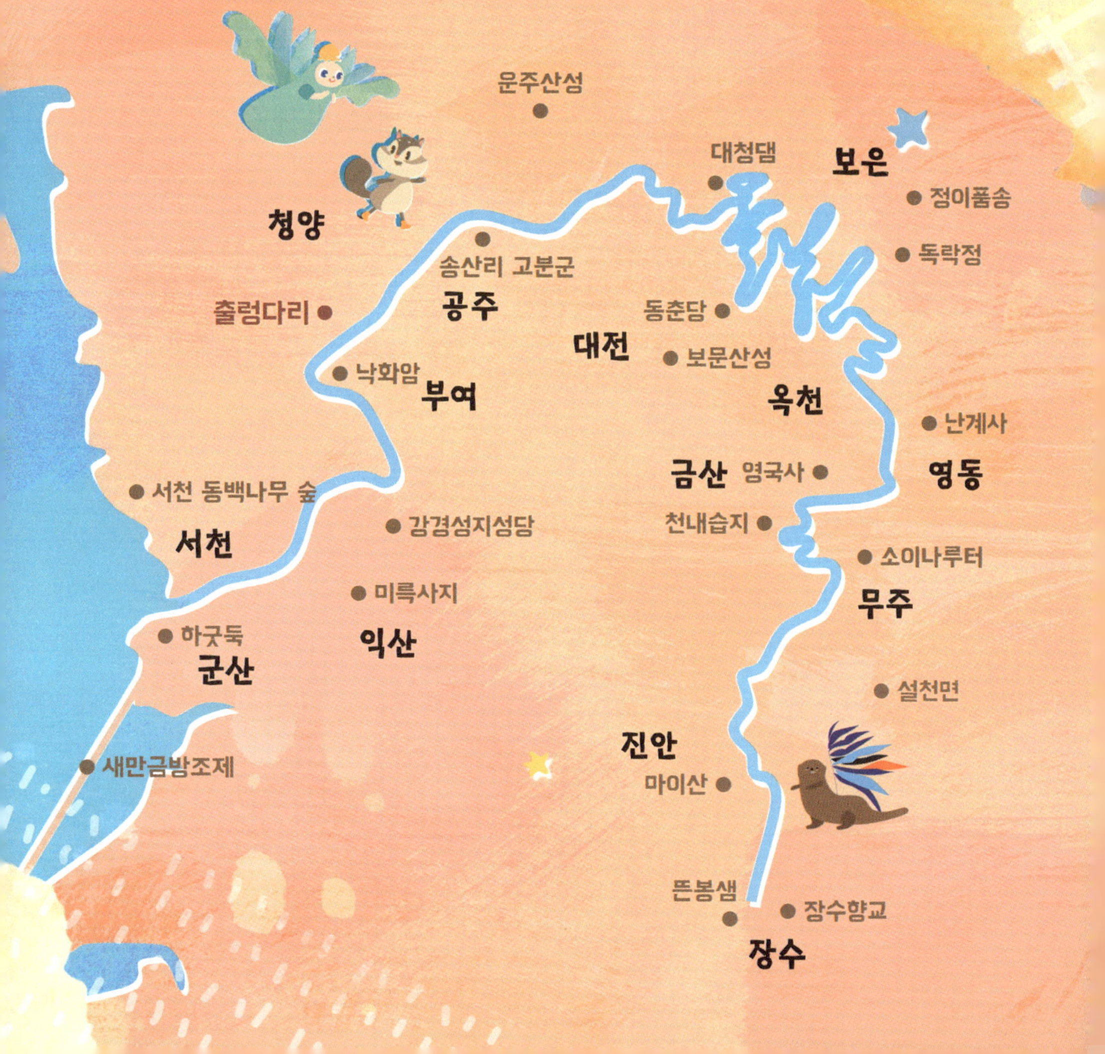

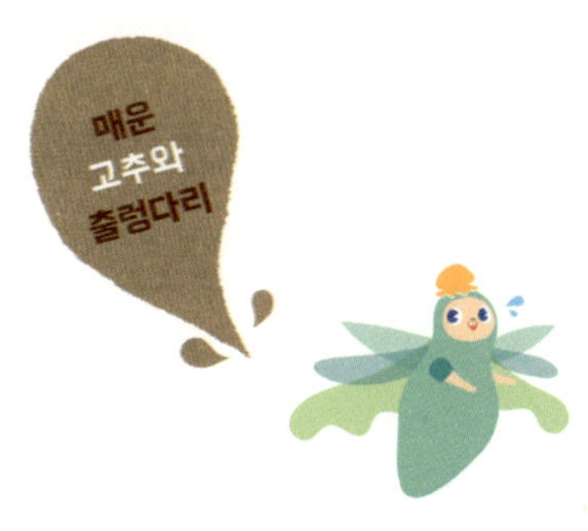

나무 사이를 뛰어다니던 다람쥐가 잠시 멈췄습니다. 맛있는 열매를 발견했기 때문이었습니다. 다람쥐는 나무 기둥을 타고 내려가 바닥에서 열매를 주워 맛있게 먹고는, 다른 열매들을 볼주머니에 가득 넣었습니다.

볼주머니에 열매를 넣어 두면 샤샤와 다니면서 배가 고플 때마다 열매를 꺼내 먹을 수 있으니 지칠 걱정이 없었습니다. 어느새 다람쥐의 볼이 볼록해졌습니다. 샤샤는 볼이 볼록한 다람쥐의 모습이 귀여워서 웃음을 터트렸습니다.

"공주에는 백제 시대의 유적이 남아 있지만, 이곳 청양에는 선사 시대의 유적이 남아 있어. 선사 시대의 유적을 찾아볼까?"

샤샤는 다람쥐에게 선사 시대의 유적인 지석묘를 보여 주고는 산성에도 데리고 갔습니다.

"선사 시대의 유적부터 백제, 신라 시대 등 여러 시대의 유물을 보니까 무언가 벅찬 감정이 들기도 해."

다람쥐가 벅찬 듯이 두 손을 모았습니다. 두 손을 모은 다람쥐의 모습은 마치 기도하는 것처럼 보였습니다.

"사람들이 옛 시대의 것들을 잘 간직하고 지켜내는 것은 참 훌륭한 것 같아."

"맞아. 아무리 과학이 발달해도 사람들은 여전히 옛 풍습을 따르기도 해."

"우리 다람쥐들이 예전부터 내려온 습성을 그대로 이어 가는 것과 같은 거겠지?"

다람쥐와 샤샤가 도란도란 얘기를 나눴습니다. 다람쥐는 샤샤와 함께 여행하면서 배우는 것이 정말 즐거웠습니다.

"청양에도 산성이 있어. 보러 가자."

볼주머니가 가득 찬만큼 몸이 조금 무거워지긴 했어도 다람쥐는 여전히 날쌨습니다. 샤샤와 다람쥐는 두릉산성(충청남도 문화재 자료)과 우산성(충청북도 기념물)을 여유롭게 다녔습니다.

청양에는 옛날에 왕이 다녀갔다는 왕진나루도 있습니다.

"샤샤야, 우리 잠깐 쉴까?"

칠갑산 천장호에 도착한 샤샤와 다람쥐는 나뭇가지 위에 걸터앉았습니다. 바람이 점점 세게 불기 시작했습니다.

"다람쥐야, 바람이 세졌어. 나무에서 떨어지지 않게 조심해야 해."

"나는 나뭇가지를 꽉 잡으면 돼. 샤샤도 조심해."

바람이 점점 세어지자 다람쥐는 나뭇가지를 꽉 잡으며 나무 사이를 넘나들었습니다. 샤샤도 다람쥐의 곁에 바짝 붙어서 날았습니다.

"샤샤야, 바람에 날아가지 않게 나를 꼭 잡아."

조심스럽게 몸을 움직이던 다람쥐가 갑자기 멈추었습니다.

"저게 뭐야? 다리가 움직이는 것 같아."

다람쥐의 목소리에는 놀라움이 가득했습니다.

"저 다리는 천장호 출렁다리야. 사람들이 다리 위를 걸어갈 때마다 다리가 움직여서 출렁다리라고 하는 거야."

천장호의 출렁다리는 우리나라 최대 길이의 출렁다리입니

다. 청양은 매운 고추가 유명한데, 다리 중간에는 청양의 상징인 빨간 고추 모양의 주탑이 있습니다. 빨간 고추 모형을 통과하면 다리가 출렁거리기 시작합니다. 청양은 고추의 고장으로도 알려져 있습니다.

다람쥐는 출렁다리를 건너보고 싶었습니다.

"샤샤야, 우리도 저 다리를 건너볼까?"

"다람쥐야, 안 돼. 다리를 건너는 사람들도 무서워서 줄을 꽉 잡고 건너잖아. 오늘은 바람이 심하게 불어서 몸집이 작은 우리는 미끄러져서 다리 아래로 떨어질 수도 있어. 그러니까 그냥 가자."

"그래도 건너고 싶은걸. 우리 저 다리를 건너서 가자."

"출렁다리는 너무 위험해."

"나는 출렁다리에 꼭 가 보고 싶어."

다람쥐가 고집을 부렸습니다. 샤샤는 할 수 없이 다람쥐와 함께 출렁다리로 향했습니다.

"야호, 신난다. 드디어 출렁다리를 건너는구나."

다람쥐는 신나서 사람들의 뒤를 따라 출렁다리로 빠르게

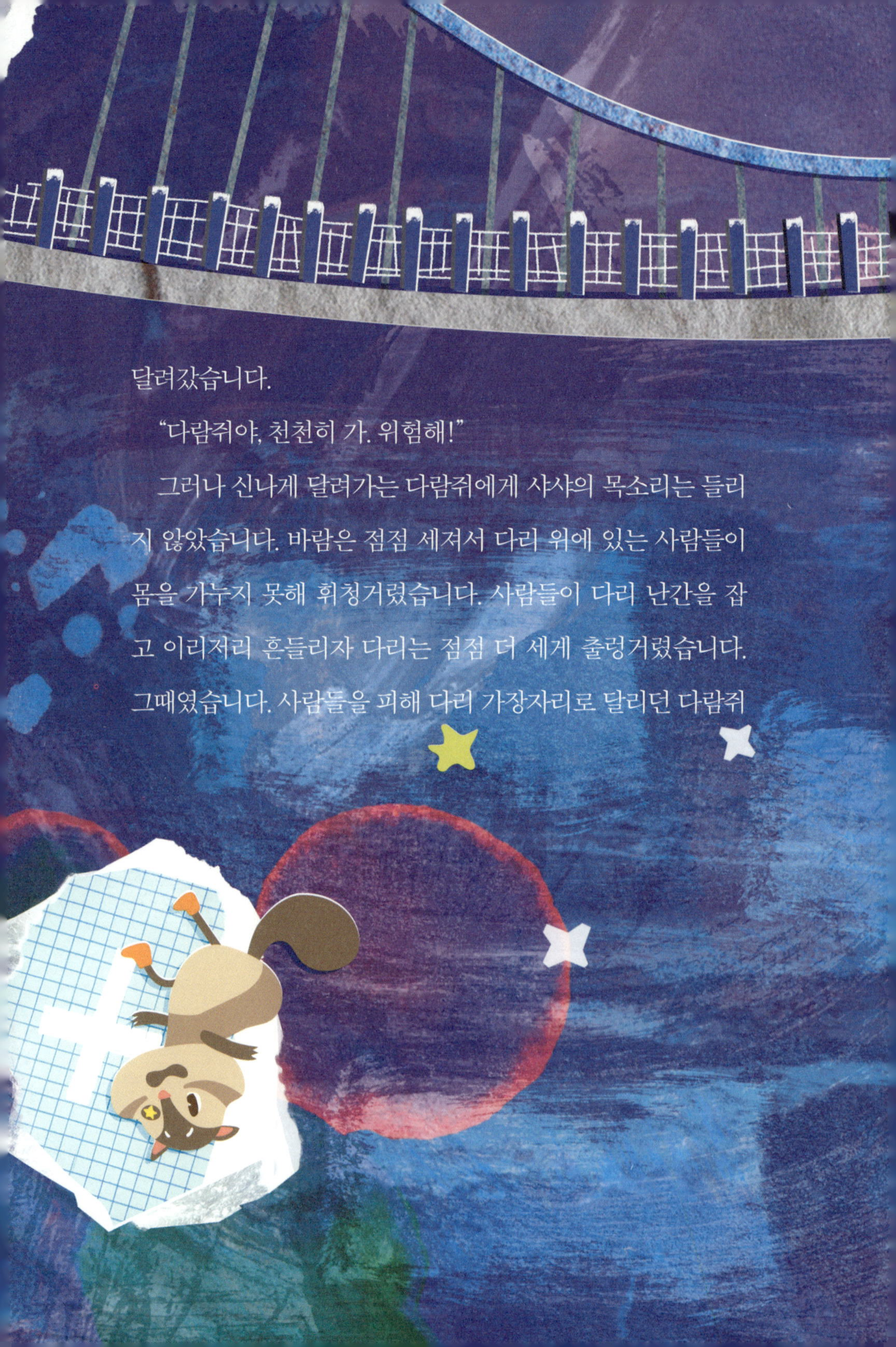

달려갔습니다.

"다람쥐야, 천천히 가. 위험해!"

그러나 신나게 달려가는 다람쥐에게 샤샤의 목소리는 들리지 않았습니다. 바람은 점점 세져서 다리 위에 있는 사람들이 몸을 가누지 못해 휘청거렸습니다. 사람들이 다리 난간을 잡고 이리저리 흔들리자 다리는 점점 더 세게 출렁거렸습니다. 그때였습니다. 사람들을 피해 다리 가장자리로 달리던 다람쥐

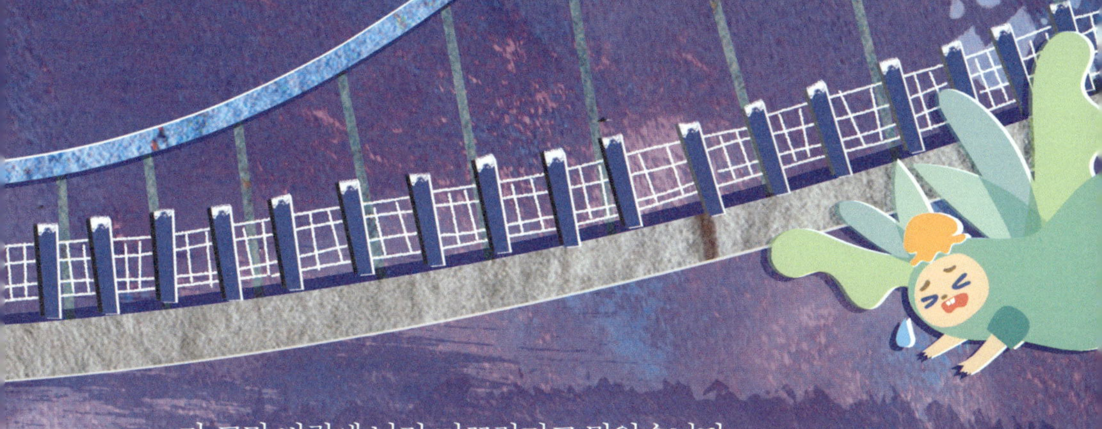

가 그만 바람에 날려 미끄러지고 말았습니다.

"안 돼. 다람쥐야!"

놀란 샤샤가 다람쥐에게 달려갔지만, 다람쥐는 이미 다리 아래로 떨어지고 있었습니다. 혼비백산한 샤샤가 애타게 다람쥐를 부르며 다리 아래로 재빨리 내려갔지만, 다람쥐의 모습은 보이지 않았습니다.

"다람쥐야, 다람쥐야, 어디에 있니!"

샤샤의 목소리는 떨렸고 세찬 바람에 날개가 찢기는 듯한 통증이 느껴졌습니다. 다람쥐가 다리에서 미끄러진 것이 자기 탓인 것만 같았습니다. 샤샤는 다람쥐가 살아 있기를 기도하면서 애타게 다람쥐를 찾았습니다.

그때였습니다. 어디선가 희미하게 다람쥐의 신음 소리가 들렸습니다. 주위를 둘러보니 소나무 가지에 위험하게 걸려 있는 다람쥐가 보였습니다.

샤샤는 빠르게 다람쥐에게 날아갔습니다.

"다람쥐야, 정신 차려! 이곳에서 떨어지면 안 돼. 정신 차려!"

샤샤의 다급한 목소리에 다람쥐가 간신히 정신을 차렸습니다. 다람쥐는 샤샤의 도움을 받아 나뭇가지에 제대로 앉을 수 있었습니다.

"다람쥐야, 다친 곳은 없니? 소나무 가지에 걸리다니 천만다행이야. 괜찮아?"

샤샤는 다람쥐가 무사한 모습을 보자 다람쥐를 꼭 안고 눈물을 흘렸습니다.

"괜찮아. 잠깐 정신을 잃었었나 봐. 미안해, 샤샤."

"아니야, 안 다쳤으니까 다행이야. 정말 큰일 날 뻔했어."

"네 말을 듣고 다리를 건너지 말았어야 했는데, 내가 너무 고집을 부려서 바람에 날아간 거야. 정말 미안해!"

다람쥐는 진심으로 사과했습니다.

샤샤 말대로 다람쥐는 몸집이 작아서 흔들리는 다리에서 미끄러질 위험이 많았습니다. 그럼에도 고집을 부려서 다리를 건너던 중에 다리에서 미끄러진 다람쥐는 다행히 근처에 있던 소나무 사이로 떨어진 것이었습니다. 다람쥐가 호수 위로 떨어졌다면 정말 목숨을 잃을 뻔한 사고였습니다.

놀란 다람쥐와 샤샤는 주변에 있는 커다란 느티나무를 찾았습니다. 느티나무에는 깊은 구멍이 있었습니다. 샤샤와 다람쥐는 느티나무의 구멍으로 들어가 쉬면서 놀란 가슴을 진정시켰습니다.

왕진나루

왕진나루는 1980년대까지 청양군 청남면과 부여군을 잇는 나루로 금강의 역사를 지켜온 대표적인 나루터였다. 청양에서 부여를 가려면 왕진나루를 건너는 것이 가장 빠른 길이었다.

왕진나루에는 제주도에서 새우젓을 실은 배가 오기도 했을 만큼 중요한 나루였다. 왕진나루 근처에서 곡식을 보관하던 창고가 있었다고 한다. 왕진나루는 백제왕이 다녀간 나루라고 하여 붙여진 이름이다.

문화재가 된 바위, 낙화암

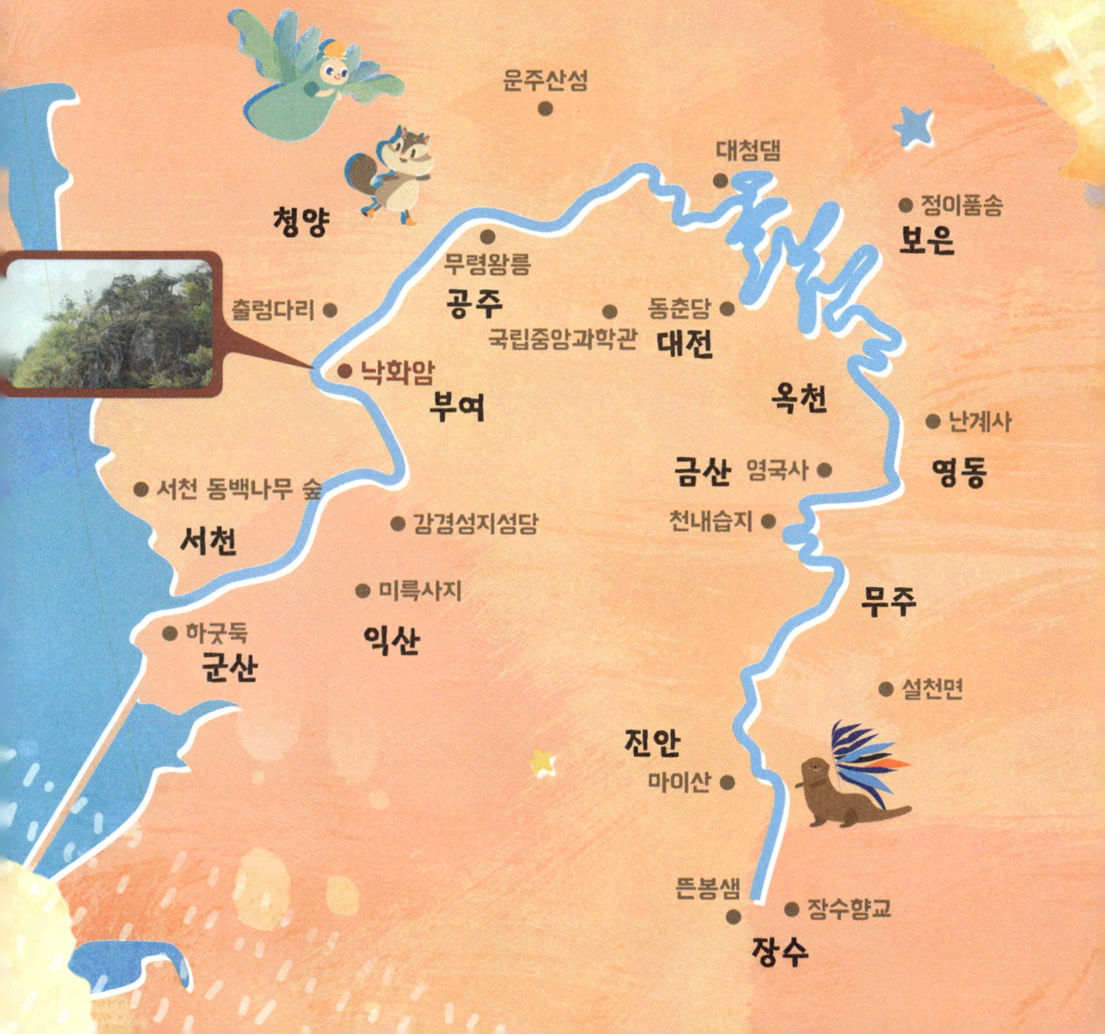

운주산성
대청댐
정이품송
보은
청양
무령왕릉
공주
출렁다리
동춘당
국립중앙과학관
대전
낙화암
부여
옥천
난계사
금산
영국사
영동
서천 동백나무 숲
서천
감경성지성당
천내습지
미륵사지
무주
하굿둑
군산
익산
설천면
진안
마이산
뜬봉샘
장수향교
장수

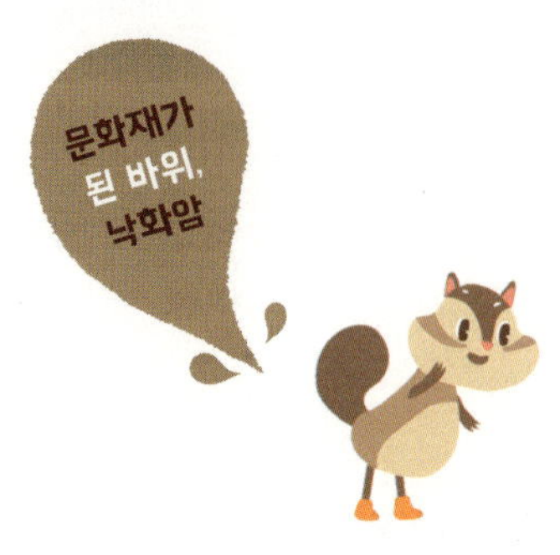

"다람쥐야, 공주에서는 금강을 웅진강이라고 부른다는 것은 알고 있지?"

"알지. 부여에서도 금강을 다르게 부르는 이름이 있어?"

"부여에서는 금강을 백마강이라고 불러."

"백마강? 어쩐지 사연이 많은 강 이름 같아. 여기도 혹시 공주만큼 역사 이야기가 많아?"

다람쥐의 목소리에는 호기심이 가득했습니다.

"부여에는 문화재 자료로 등재된 낙화암이라는 바위가 있는데 재미있는 이야기가 전해져."

"바위도 문화재가 될 수 있어? 정말 신기하다. 사람들은 바위까지도 소중하게 여기는구나."

"우리 고란사에 들렀다가 그 바위를 보러 갈까?"

샤샤와 다람쥐는 고란사로 향했습니다. 고란사는 절벽 위에 지어진 절입니다. 절벽 아래엔 백마강이 흐릅니다.

"저 아래 보이는 강이 백마강이야?"

"맞아. 백마강의 경치가 무척 아름답지?"

"햇살을 받아서 반짝이는 물결 좀 봐. 정말 정말 환상적이야. 그런데 이 절은 어떻게 바다가 보이는 절벽 위에 지었을까?"

고란사에서 바라보는 풍경은 가슴을 벅차게 했습니다.

"절벽 위에서 강을 바라보고 있는 사찰이라니, 주변 풍경도 아름답고 너무나 멋지다."

주변을 둘러보던 다람쥐가 샤샤에게 손짓으로 무언가를 가리켰습니다. 다람쥐가 가리킨 곳에는 사람들이 오고 가는 것에도 아랑곳하지 않는 노란 고양이 한 마리가 평화롭게 낮잠을 자고 있었습니다. 개나리꽃처럼 노란 예쁜 고양이였습니다. 강이 보이는 절에서 사는 고양이는 무척 행복할 것 같았습니다.

샤샤와 다람쥐는 고양이의 낮잠을 깨우지 않기 위해 살금 살금 고란사를 벗어나서 낙화암으로 향했습니다. 그런데 어느새 샤샤와 다람쥐의 기척을 느낀 고양이가 낮잠에서 깨 샤샤와 다람쥐를 따라갔습니다.

"얘들아, 저기 바위가 보이지? 저 바위가 바로 문화재로 등재된 바위 낙화암이야."

"아이, 깜짝이야!"

갑작스러운 소리에 샤샤와 다람쥐가 깜짝 놀라 소리가 나는 쪽을 바라보았습니다. 샤샤와 다람쥐 뒤에서 노란 고양이가 태연하게 바위를 가리키고 있었습니다.

"너희들이 이곳에 처음 온 것 같아서 내가 따라온 거야. 나는 이곳의 터줏대감이거든. 너희들이 도착한 이곳은 낙화암이라는 곳이야. 이 바위는 무려 문화재란다."

다람쥐가 눈을 동그랗게 뜨며 놀라는 표정을 지었습니다. 샤샤가 말했던 바로 그 바위를 말하는 것 같았습니다. 평상시라면 바위 위에서 도토리를 먹거나 벌러덩 누워 낮잠을 잤을지도 모르지만, 문화재 바위라니 왠지 조심스러웠습니다.

"고양이야, 낙화암은 무슨 뜻이야? 이 바위가 왜 문화재야?"

다람쥐가 궁금한 게 많은지 연달아 물었습니다.

“낙화암. 참 예쁜 이름처럼 들리지만 그 바위에는 슬픈 이야기가 전해지고 있어.”

노란 고양이는 슬픈 표정을 지으며 낙화암에 관한 이야기를 했습니다.

백제의 마지막 왕인 의자왕은 나랏일을 돌보지 않고 향락을 일삼았습니다. 신하들이 나랏일을 걱정하며 상소를 올렸으나 듣지 않았습니다. 이때 신라의 김유신 장군은 당나라와 힘을 합해 백제를 공격했습니다. 백제의 계백 장군은 군사를 이끌고 황산벌에서 신라 군사와 싸웠으나, 결국 패하고 말았습니다.

백제가 망하자 의자왕을 모시던 궁녀들은 흉악한 적군에게 죽는 것보다 깨끗하게 죽는 것이 낫다면서 높은 바위 위에서 강물에 몸을 던졌습니다. 궁녀들이 마치 꽃잎처럼 바위에서 떨어져 내렸다고 하여 바위의 이름은 낙화암이 되었습니다.

백제 여인들의 충절과 넋이 어린 낙화암의 기암절벽은 백마강에서 배를 타고 돌아갈 때 더 잘 보입니다. 바위 절벽에 새겨진 ‘낙화암(落花岩)’이라는 글씨는 조선 시대 학자인 우암 송시열이 쓴 글씨입니다.

“이야기를 듣고 보니 너무 슬프다.”

“나라를 잃은 슬픔에 스스로 바위 위에서 강물로 뛰어 내렸다니 너무 가슴 아파.”

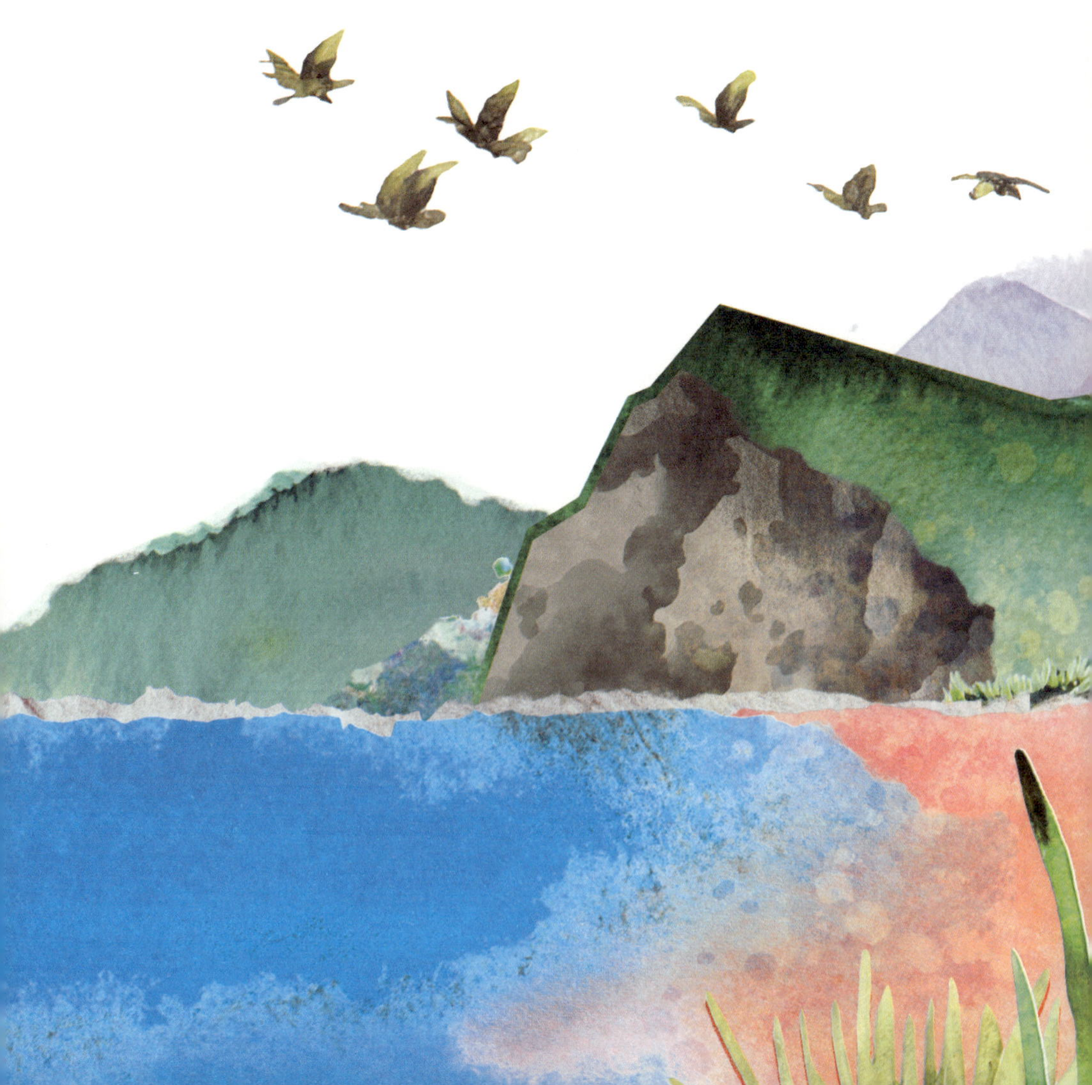

낙화암의 슬픈 사연에 다람쥐와 샤샤는 붉은 꽃잎 같은 노을이 내려앉는 백마강을 하염없이 내려다보았습니다. 슬픔에 젖어 있는 샤샤와 다람쥐에게 노란 고양이가 다가왔습니다.

“애들아, 저기 위에 조그만 정자 보이지? 저곳은 백화정이라는 정자야. 저기 올라가면 이곳의 멋진 경치가 다 보여. 어서 올라가자.”

고양이가 앞장서서 올라가자 샤샤와 다람쥐도 안심하고 따라갔습니다.

백화정은 낙화암에서 뛰어내린 궁녀들을 추모하기 위해 지어진 정자로 충청남도 문화재 자료입니다.

백화정에 오르자 나무들과 어우러진 멋진 백마강의 풍경이 펼쳐졌습니다. 백화정 주변의 소나무와 백마강 주변의 산이 어우러져 마치 그림 같았습니다. 슬픈 사연을 품고 흐르는 백마강이 주변의 수려한 풍경으로 위안을 받는 것처럼 느껴졌습니다.

샤샤와 다람쥐가 백마강과 백화정의 풍경에 취해 있을 때 고양이가 일어섰습니다.

“너희들에게 낙화암과 백화정을 소개했으니 나는 이제 돌아가야겠다.”

“고마워, 고양이야. 덕분에 낙화암에 대해 알게 되었어.”

“여행 즐겁게 하길 바라.”

고양이가 돌아서자 샤샤와 다람쥐는 고양이가 안 보일 때까지 고양이를 배웅했습니다.

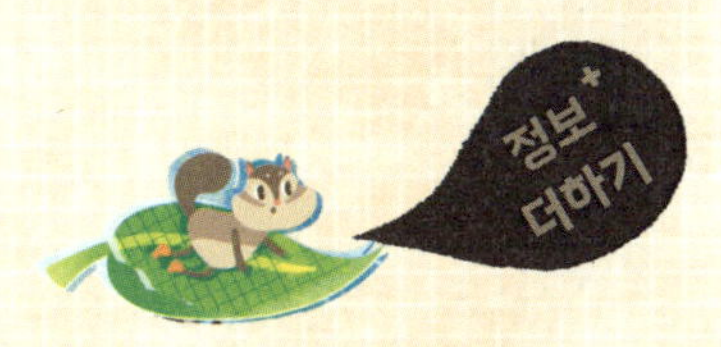

고란사(충청남도 문화재 자료)

충청남도 부여군 부소산에 있는 고란사는 백제가 멸망하면서 소실된 것을 고려 시대에 백제의 후예들이 삼천궁녀를 위로하기 위해서 다시 지은 사찰이다.

고란사 뒤뜰에 있는 커다란 바위틈에는 고란초가 돋아나고, 왕이 마셨다는 샘터가 있다. 이 샘물을 마시면 3년이 젊어진다는 전설이 있다.

고란사에서 바라보는 백마강의 경관이 비길 데 없이 아름답다. 고란사 주위에는 낙화암·조룡대·부소산성(사비성) 등이 있다. 고란사 목조아미타여래좌상 및 보살좌상은 충청남도 문화재 자료이다.

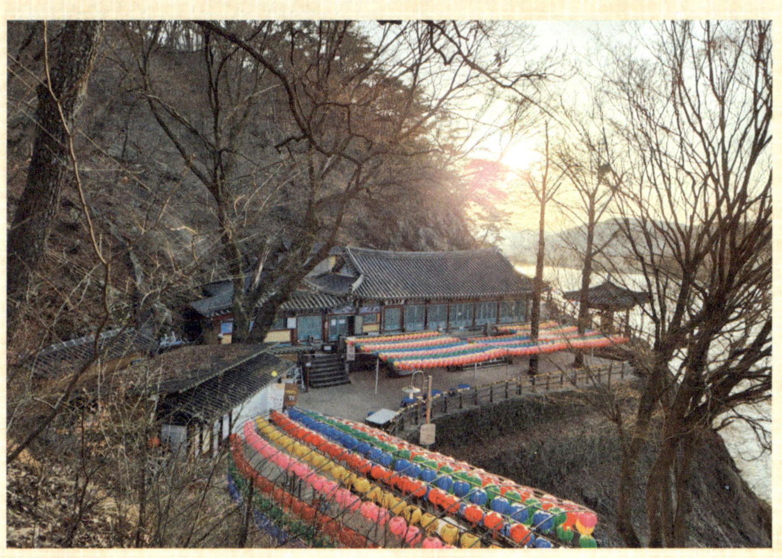

•고란사

부소산성(사적)

부소산성은 백제 성왕이 웅진에서 사비로 도읍을 옮긴 후, 백제가 멸망할 때까지 123년 동안 백제의 도읍지였다. 『삼국사기』와 『백제본기』에는 사비성·소부리성으로 기록되어 있다.

산성 둘레는 2,200미터이며 동·서·남문 터가 남아 있다. 성 안에는 고란사, 낙화암, 사비루, 군창지 등이 있다.

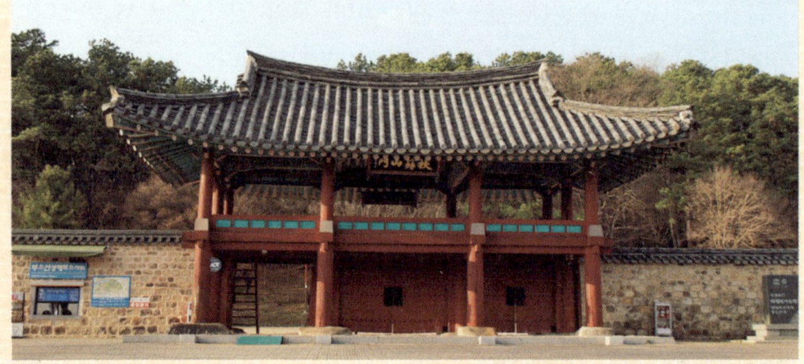

•부소산성

관북리 유적(궁궐터, 사적)

백제의 마지막 도읍지였던 부여의 왕궁터이다. 성왕에서 의자왕까지 6대에 걸쳐 123년간 나라를 다스렸던 곳이다.

왕궁터에서는 백제 시대 연못, 배수로, 도로, 건물터 기단 및 석축 시설, 공방터 등이 발견되었다.

건물터 기단과 배수로 내부에서는 백제복식사 연구에 귀중한 자료로 평가되는 '얼굴 무늬 토기' 외에 완전한 형태의 토기, 동으로 만든 숟가락과 철제품 등이 발견되었다.

능산리 고분군(사적)

사비 시대의 백제 왕족묘로 추정된다. 현재 모두 8기가 알려져 있다.

정림사지(사적)

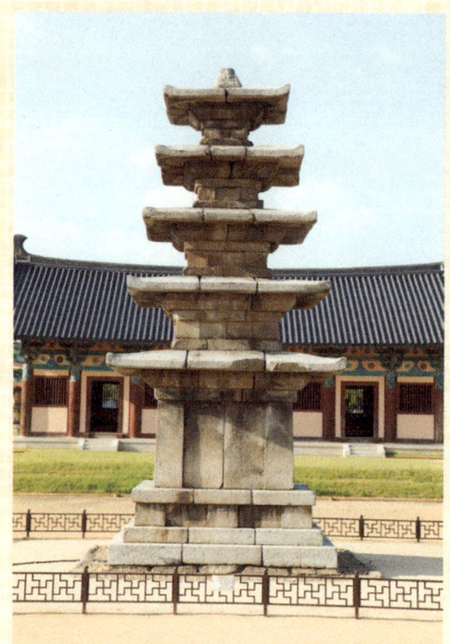

•정림사지 5층석탑 © 문화재청

백제 시대의 대표적인 절터이며 유네스코 세계유산으로 지정되었다. 현재 정림사지 5층석탑(국보)과 정림사지 석불좌상(보물)이 남아 있다.

부여 나성(사적)

백제의 수도 방어를 위해 지은 성곽이다. 나성 안에는 왕궁·관아·민가·사찰·상가와 수도의 수비를 위한 방위 시설이 있었을 것으로 추정된다.

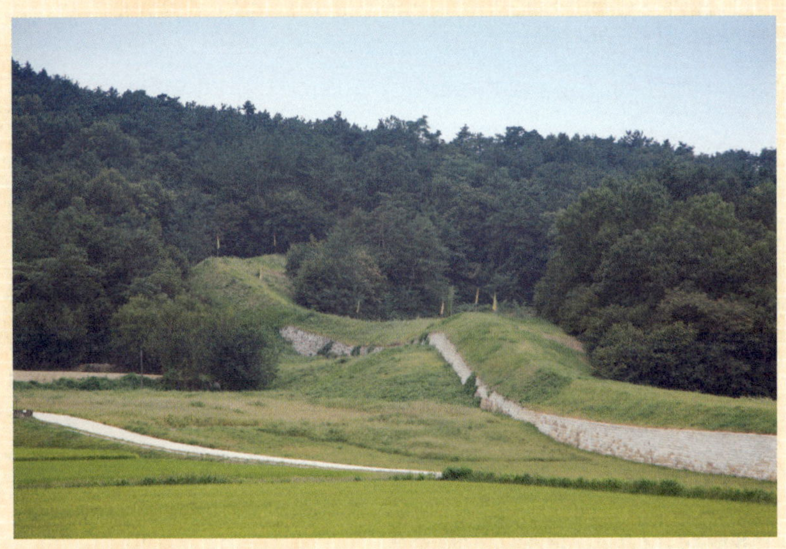

•복원된 부여 나성 © 문화재청

근대 건축물 성지성당과 건재 약방

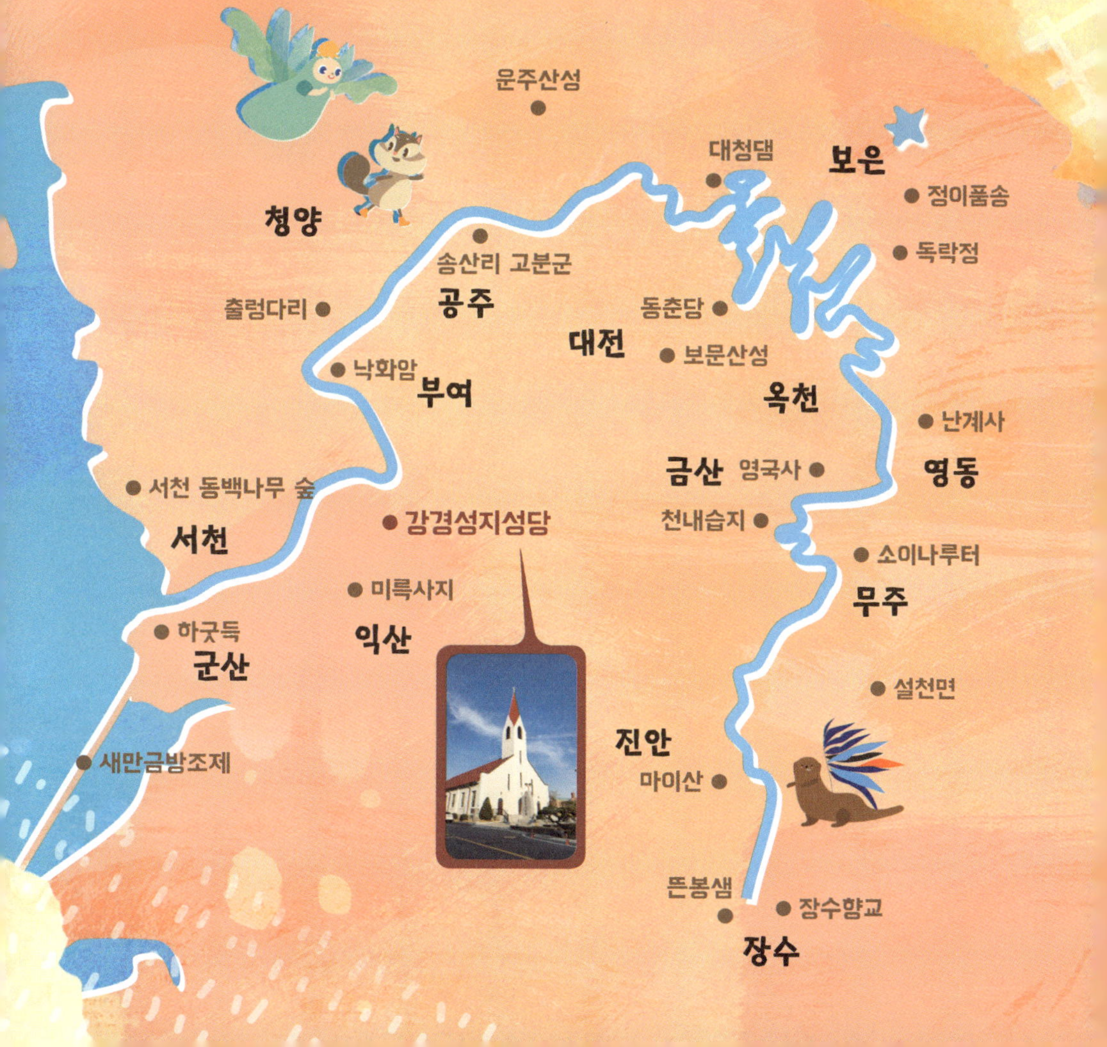

운주산성
대청댐
보은
청양
정이품송
독락정
송산리 고분군
공주
출렁다리
동춘당
대전
보문산성
낙화암
부여
옥천
난계사
금산
영국사
영동
서천 동백나무 숲
서천
강경성지성당
천내습지
소이나루터
미륵사지
무주
하굿둑
익산
군산
설천면
진안
새만금방조제
마이산
뜬봉샘
장수향교
장수

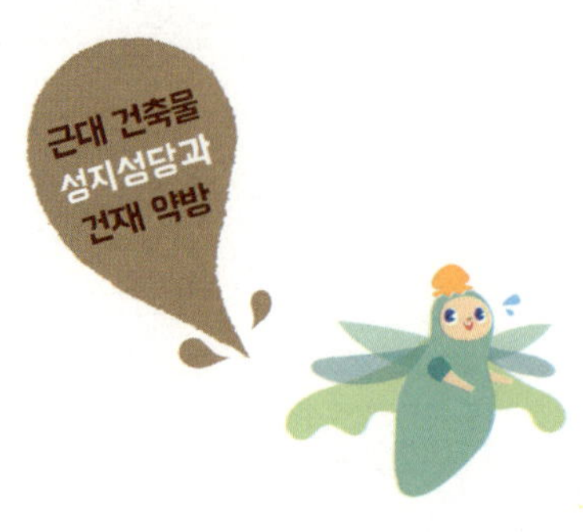

강경에 도착한 샤샤와 다람쥐는 젓갈로 유명한 강경 시장을 돌아보았습니다.

"샤샤야, 여기서는 약간 비릿한 냄새가 나는 것 같아."

"이런 냄새 맡아본 적 있니?"

"아니, 숲에서 맡아본 냄새는 아닌 것 같아. 이건 무슨 냄새야?"

"너는 정말로 후각이 뛰어나구나. 이건 사람들이 음식으로 먹는 젓갈 냄새야."

강경젓갈은 강경의 특산물입니다. 강경젓갈은 전국적으로 유명하여 매년 10월에 강경젓갈 축제가 개최되기도 합니다.

강경 시장을 둘러본 샤샤와 다람쥐는 강경성지성당으로 향했습니다.

“샤샤야, 이 성당은 내부가 무척 특이해.”

“강경성지성당은 성서에 나오는 노아의 방주를 생각하면서 지은 것이라 무척 독특해. 배를 거꾸로 뒤집어 놓은 모습이야.”

“그렇구나. 배를 거꾸로 뒤집어 놓은 듯한 내부라니, 정말 독특하고 아름다운 성당이야.”

다람쥐가 감탄했습니다.

“김대건 신부 기념관에 가면 강경의 역사와 문화, 김대건 신부의 일대기 등을 살펴볼 수 있어.”

강경성당과 김대건 신부 기념관을 살펴본 샤샤와 다람쥐는 연수당 건재 약방(등록문화재)으로 향했습니다.

“어? 건재 약방 건물은 우리가 여태껏 보아왔던 건물과는 조금 다른 것 같아.”

“그렇지? 한옥식으로 지어졌지만 일제 강점기에 지어진 것이라 일본 분위기가 섞여 있어서 그래.”

“아하, 그렇구나.”

다람쥐가 고개를 끄덕이며 말했습니다.

“건재 약방은 1920년대에 촬영한 건물 중에서 유일하게 남

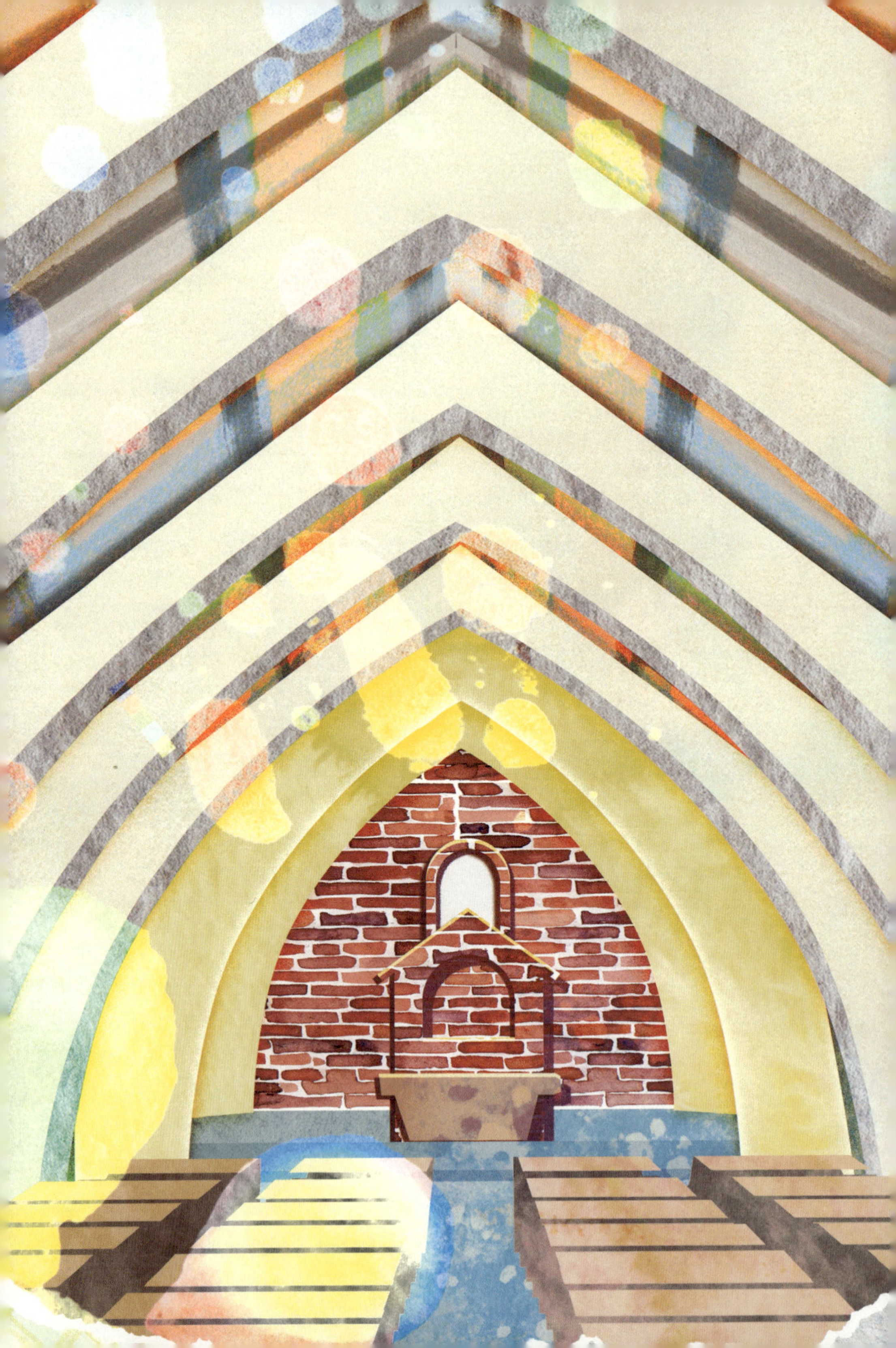

아 있는 건물로 역사적 가치가 높은 곳이야."

"우리가 잠시 후에 갈 강경역사관은 일제 강점기 때는 한일은행 강경지점(국가등록문화재)이었대."

"은행이 역사관으로 바뀐 거야?"

"그렇지."

"세월의 흐름에 따라서 건물이 여러 용도로 사용처가 바뀌는구나."

다람쥐가 고개를 끄덕거렸습니다.

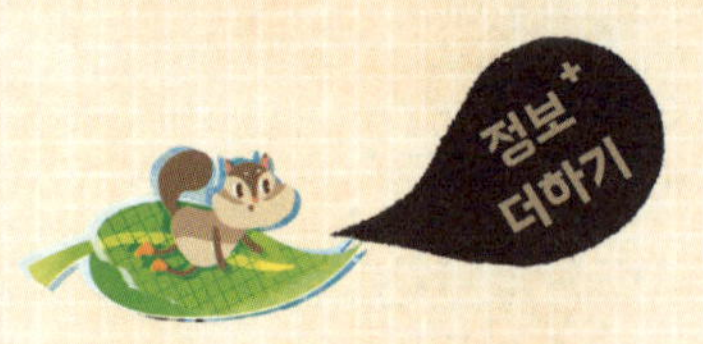

강경성지성당(등록문화재)

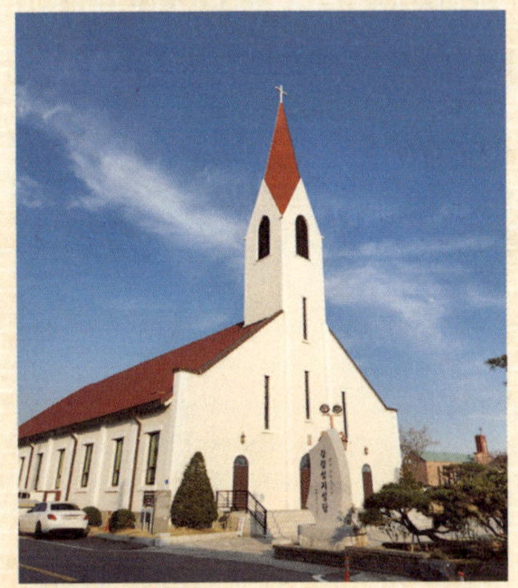

• 강경성지성당

강경성지성당은 1961년 건립되었다. 당시로서는 특이한 구조 방식인 '첨두형 아치보'(건물의 탑이 뾰족하고 내부는 반달처럼 둥근 모양)의 구조와 형태를 잘 유지하고 있다. 특이한 구조와 미적 가치를 지닌 근대 건축물인 강경성지성당은 종교적·건축학적으로도 가치가 높은 건축물이다.

김대건 신부

김대건 안드레아는 우리나라 사람으로는 첫 사제 서품을 받고 한국 천주교 최초의 신부님이 되었다. 성 김대건 안드레아 신부는 유네스코가 선정하는 세계기념인물로 선정되었다.

강경성당은 김대건 신부님이 첫 번째로 미사를 봉헌한 것은 물론 강경에 머무르며 천주교 신자들과 함께 한 곳으로 의미가 깊은 곳이다. 강경에는 김대건 신부와 관련된 장소가 많다.

건재 약방(등록문화재)

근대 문화유산인 건재 약방은 1923년에 준공된 한옥 상가 2층 건물이다. 전통적인 한식 구조지만 1층 차양 지붕과 지붕 장식재, 툇마루에서 일본 건축 분위기를 띠는 특이성으로 보존의 필요성이 큰 건축물이다.

1920년대 촬영된 강경의 건물 중에서 현존하는 유일한 건물로 역사적인 가치가 높다.

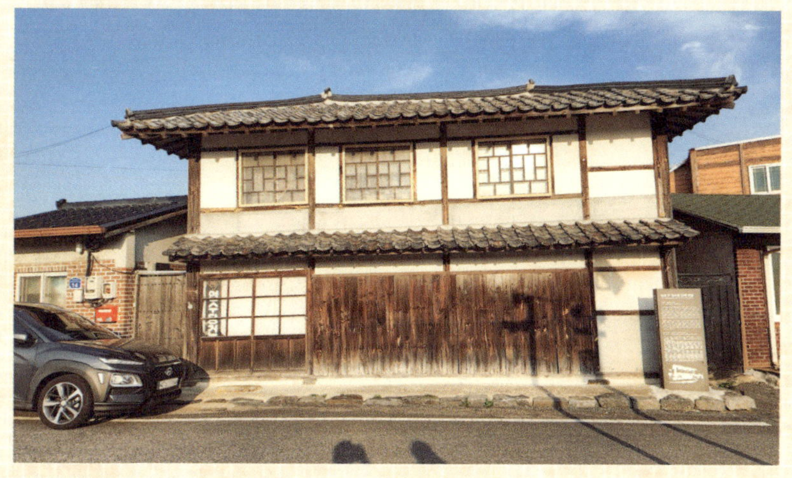

• 건재 약방

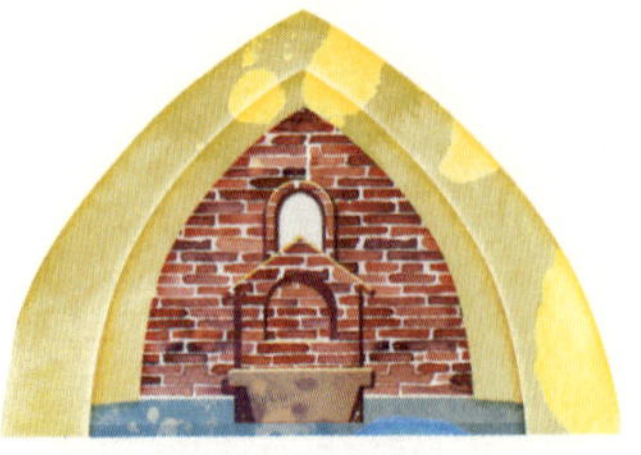

세계문화유산 미륵사지와 왕궁리 유적

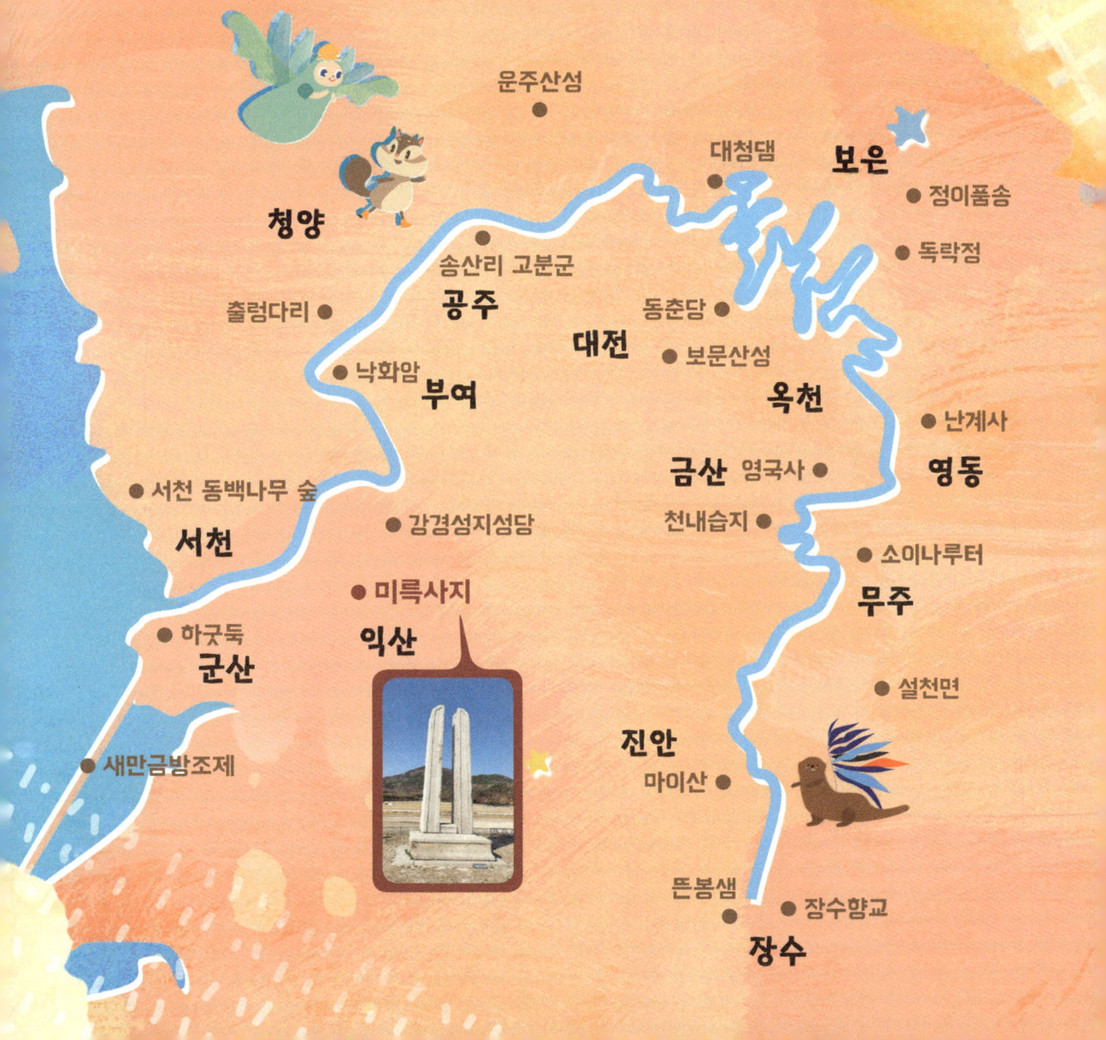

운주산성
대청댐
보은
정이품송
청양
독락정
송산리 고분군
공주
출렁다리
동춘당
대전
보문산성
낙화암
부여
옥천
난계사
금산
영국사
영동
서천 동백나무 숲
서천
강경성지성당
천내습지
소이나루터
미륵사지
무주
하굿둑
익산
군산
설천면
진안
새만금방조제
마이산
뜬봉샘
장수향교
장수

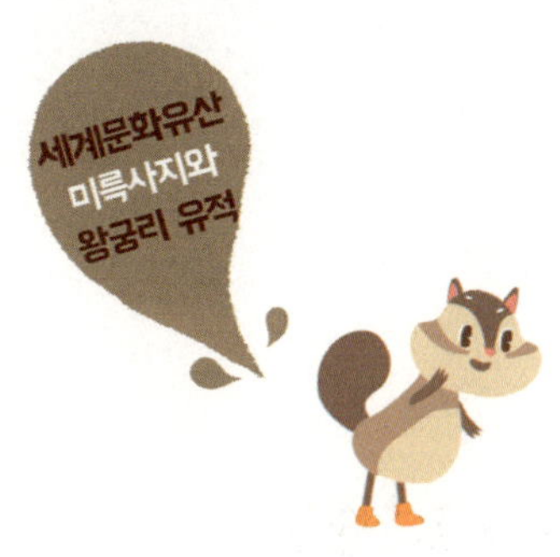

샤샤와 다람쥐는 익산의 미륵사지에 도착했습니다. 백제 시대 때 큰 절이었던 미륵사의 터인 미륵사지는 유네스코 세계문화유산 백제역사유적지구로 등재되었습니다.

"우와, 이 탑은 무척 독특하다."

넓은 미륵사지에 도착한 다람쥐가 하늘을 향해 우뚝 솟은 탑을 올려다보았습니다. 작은 다람쥐에게 9층 탑은 까마득하게 높아 보였습니다.

"저 탑은 미륵사지 석탑이라고 하는데, 우리나라에서 가장 크고 오래된 석탑이야."

"절터가 이렇게 넓고 저렇게 큰 탑이 있는 것을 보니 옛날에는 무척 크고 번창했던 절이었던 것 같아."

다람쥐가 넓은 미륵사지를 둘러보았습니다. 절이 있던 터는 끝없이 넓어 보였습니다.

"맞아. 이 절은 무척 큰 절이었어. 미륵사 창건 설화가 있는데 들어 볼래?"

샤샤의 말에 다람쥐가 귀를 쫑긋거렸습니다.

"재미있겠다. 어서 들려줘."

"백제 시대 왕이었던 무왕과 왕비가 어느 날 용화산에 있는 사자사라는 절을 찾아가던 중에 큰 연못을 지나가게 되었대. 그런데 갑자기 왕과 왕비 앞에 미륵삼존불이 나타난 거야. 놀란 왕과 왕비는 미래의 부처님이 모습을 보인 연못을 메워 절을 짓기로 했어. 왕과 왕비의 말을 들은 지명 법사가 신통력을 발휘해 하룻밤 사이에 연못을 메워 평지로 만들었지."

"우와! 하룻밤 사이에 연못을 메꿔 평지로 만들다니, 정말 신통하네."

다람쥐의 눈에 호기심이 가득했습니다.

"맞아. 정말 대단하지 않아? 하룻밤 사이에 평지가 된 연못 자리에 무왕이 절을 지었어. 그러고는 연못에서 본 미륵불을 모시고 절 이름을 미륵사로 지은 거야.”

미륵불은 부처님이 열반에 든 뒤 미래에 나타나 중생을 구제한다는 부처를 말합니다.

“아하, 정말 신기하다. 그런데 샤샤야, 저기 기둥처럼 보이는 것은 뭐야?”

다람쥐가 넓은 잔디밭을 가로질러 가며 물었습니다.

“기둥처럼 보이는 저것은 당간지주라고 하는 거야.”

현재 미륵사라는 절은 없어지고 터만 남은 미륵사지에는 당시의 위상을 알리는 석탑과 당간지주만 남아 있습니다.

드넓은 미륵사지에서 다람쥐는 마음껏 뛰어놀았습니다. 다람쥐가 지칠 때쯤 샤샤가 다람쥐를 불렀습니다.

“이제 이곳에서 그만 놀고 쌍릉에 가자.”

“쌍릉? 능이 두 개라는 거야?”

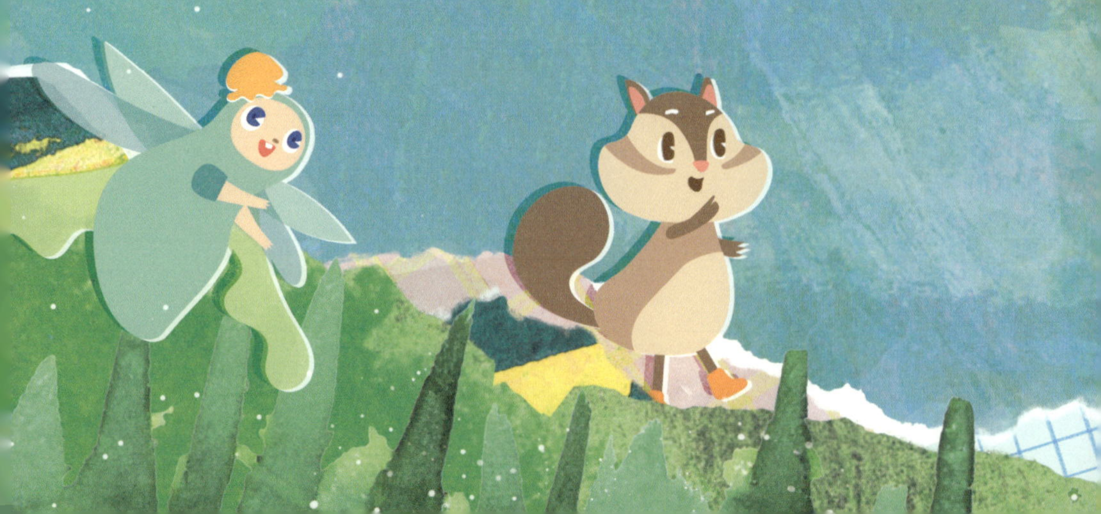

"그렇지. 쌍릉은 좀 전에 보았던 미륵사지에 미륵사라는 절을 세웠던 백제 무왕과 왕비의 무덤이야."

익산 쌍릉(사적)은 7세기 백제 무왕과 왕비의 무덤으로 추정됩니다. 익산은 무왕의 고향입니다. 북쪽의 능을 대왕묘, 남쪽의 능을 소왕묘라고도 합니다. 사람들은 쌍릉 주변을 왕의 무덤이 있다고 하여 왕묘리라고 부르기도 합니다.

백제의 무왕은 쇠락해져만 가던 백제의 국력을 되살린 명군으로 평가받고 있습니다.

"샤샤야, 네가 아니었다면 나는 이렇게 많은 곳을 다니지 못했을 거야. 너무 고마워."

다람쥐가 샤샤에게 고마운 마음을 전했습니다.

"나와 함께 여행해 줘서 나도 고마워."

샤샤가 다람쥐를 보며 방긋 웃었

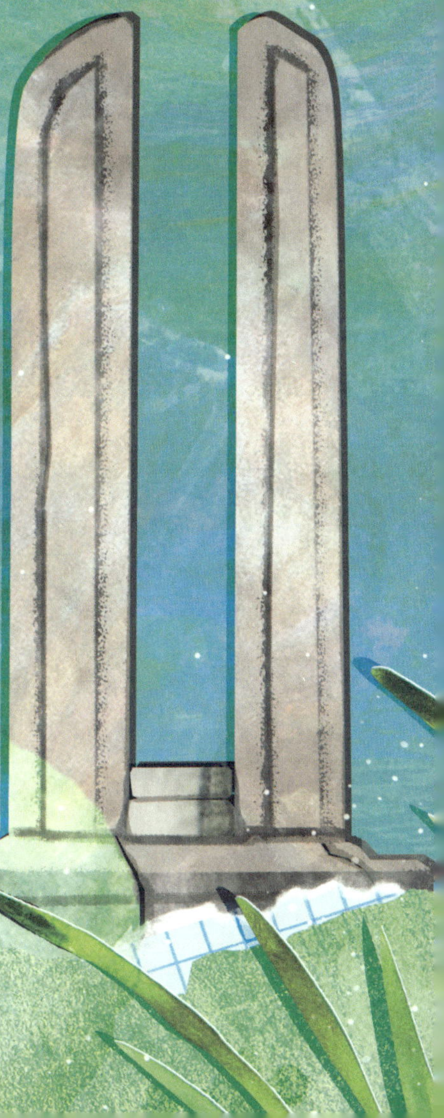

습니다.

다람쥐는 신비하고 아름다운 백제의 모습을 친구들에게 꼭 이야기해 줄 것이라고 다짐했습니다. 시원한 바람에 귀를 쫑긋거리며 다람쥐가 볼주머니에서 열매를 꺼내 먹었습니다.

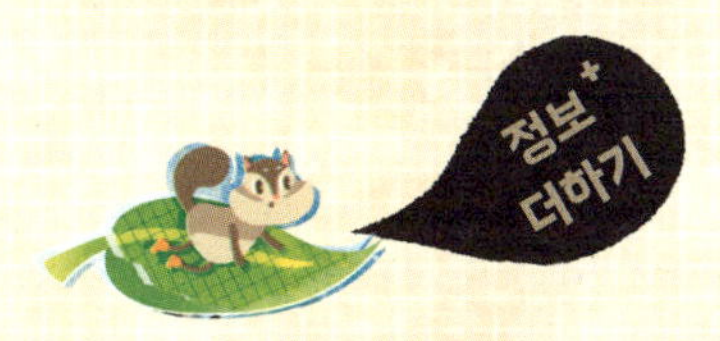

미륵사지(사적)

미륵사지는 삼국시대에 창건된 백제 최대의 사찰터이다. 미륵사는 무왕 재위 40년인 서기 639년에 왕후의 발원으로 건립되었다.

미륵사지에서는 불상과 토기를 비롯해 1만여 점의 각종 유물이 나왔으며 문자가 새겨진 기와가 출토되었다.

미륵사지에는 불교 문화재이며 국보로 지정된 동양 최대 석탑인 익산 미륵사지 석탑과 보물로 지정된 익산 미륵사지 당간지주가 있다. 미륵사지는 백제사와 불교미술 연구에 매우 중요한 자료이다.

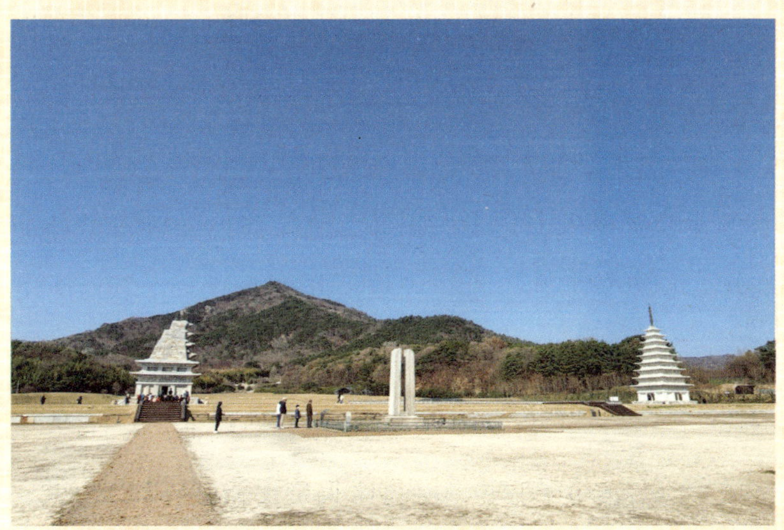

• 미륵사지 전경

미륵사지 당간지주(보물)

미륵사지 당간지주는 사찰 입구에 세우는 깃대의 일종으로 기도나 법회 등 의식이 있을 때, 깃발을 달아 세우는 두 개의 기둥으로 높이는 3.95미터이다.

미륵사지 당간지주와 미륵사지 석탑은 불교 문화재이다.

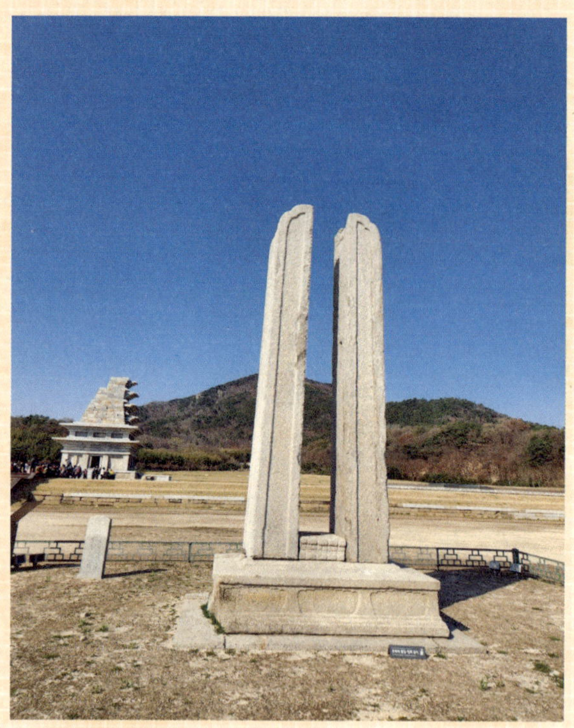

•미륵사지 당간지주

미륵사지 석탑(국보)

미륵사지 석탑은 높이가 14.2미터이며 백제의 제30대 무왕 대에 건립된 불탑이다. 현재 우리나라에 남아 있는 탑 중에 최대 규모의 석탑이며 가장 오래된 백제의 석탑이다. 우리나라에서 처음 만들어진 석탑으로 평가받기도 하는 석탑으로 가치와 의의가 매우 크다.

2009년 석탑 해체 수리 중에 금제사리호, 유리사리병, 청동합, 은제관식, 은제과대장식, 금동덩이, 금제 족집게, 유리구슬 등의 유물이 발견되었다. 특히 왕비가 639년(무왕 40)에 탑을 건립하면서 사리를 봉안했음이 확인되었다고 한다.

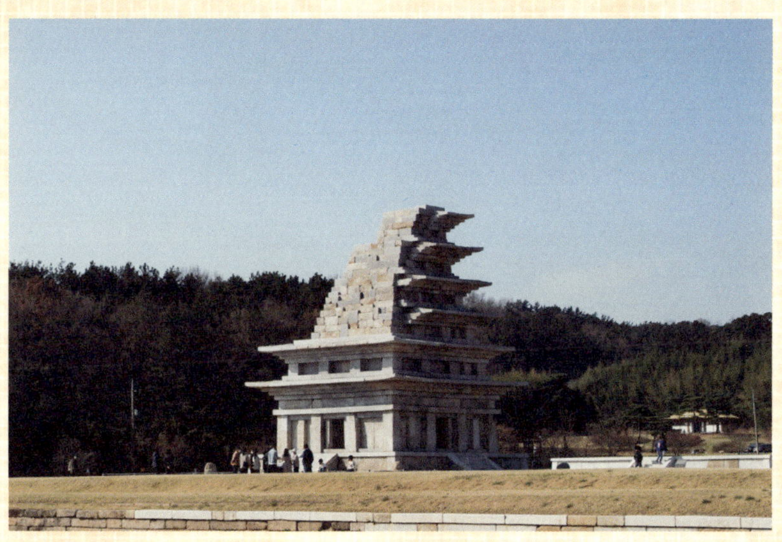

•미륵사지 석탑

왕궁리 유적(사적)

백제 후기부터 통일 신라 후기까지 만들어진 익산의 왕궁리 유적은 유네스코 세계문화유산 백제역사유적지구로 지정되었다.

왕궁리 5층 석탑(국보)과 절터의 배치를 알 수 있게 하는 유물, 통일 신라 시대 것으로 보이는 기와 가마 2기, 직사각형의 성이 발견되어, 백제 후기의 익산 천도설을 뒷받침하는 중요한 유적이다.

왕궁리 유적은 백제왕궁박물관에서 볼 수 있다.

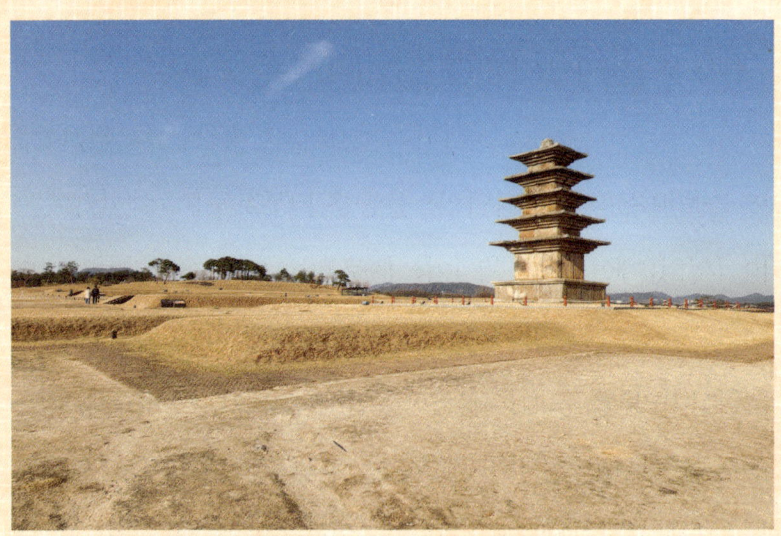

• 왕궁리 유적

한국적인 것을 알리는 한산모시

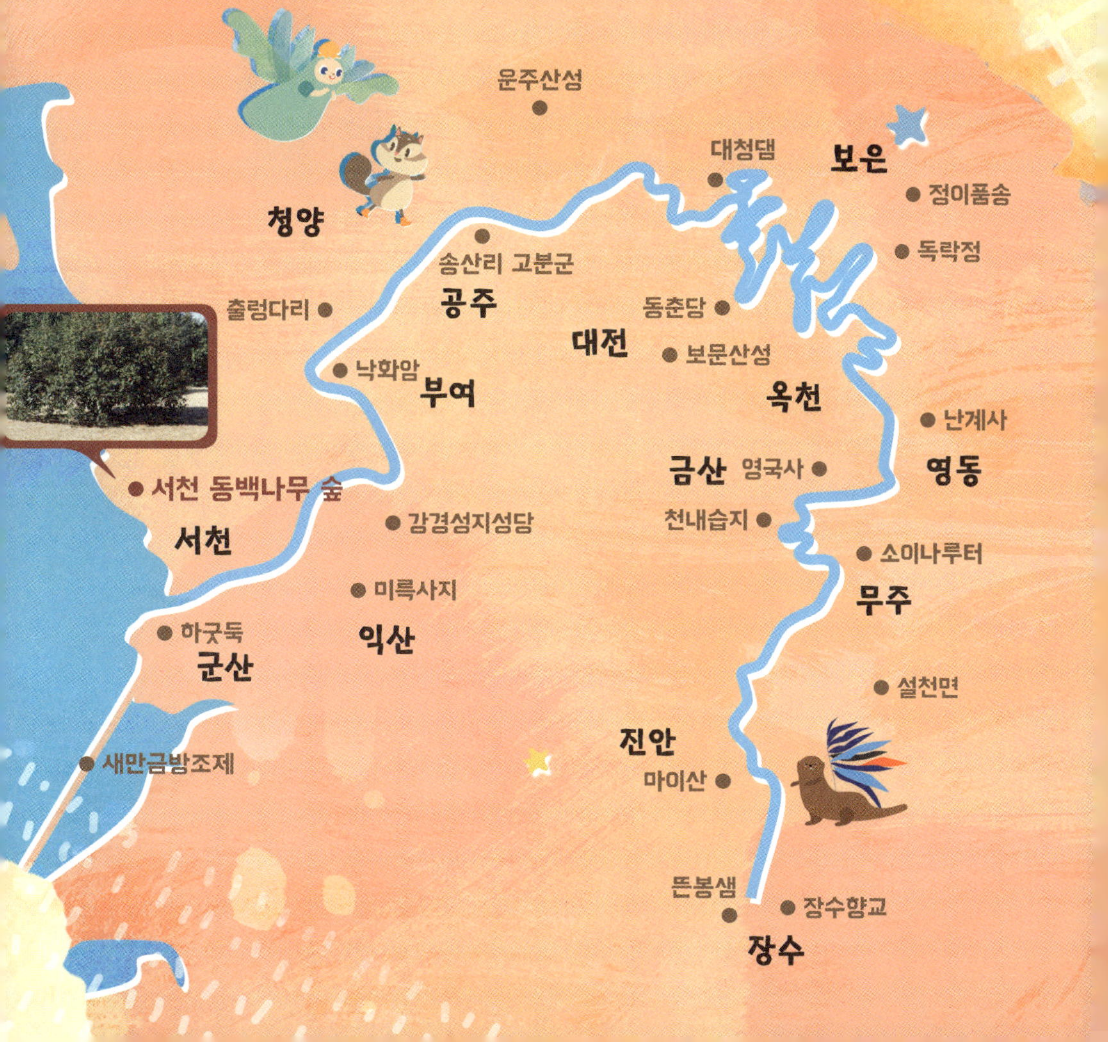

운주산성
대청댐
보은
정이품송
청양
송산리 고분군
독락정
출렁다리
공주
동춘당
대전
보문산성
낙화암
부여
옥천
난계사
금산
영국사
영동
서천 동백나무 숲
감경성지성당
천내습지
서천
소이나루터
미륵사지
무주
하굿둑
익산
군산
설천면
진안
새만금방조제
마이산
뜬봉샘
장수향교
장수

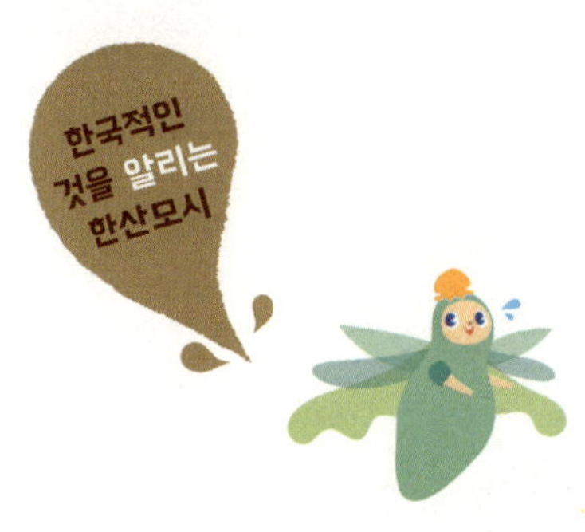

"이곳에도 성이 있네. 가는 곳마다 성이 있는 것 같아."

다람쥐가 샤샤를 바라보았습니다.

"옛날에는 왜구로부터 왕궁을 지키기 위해, 혹은 마을을 지키기 위해 성을 쌓았기 때문에 성이 많을 수밖에 없었지. 이 성은 서천읍성이야."

서천읍성(충청남도 문화재 자료)은 조선 시대의 읍성입니다. 서해안으로 침입해 오는 왜구들로부터 서천읍의 백성들을 보호하기 위해 조선 초기인 세종 시대에 쌓은 성으로 군데군데 문을 만들어 바깥과 통하게 만들었습니다.

"이 성에 얽힌 전설이 있어. 들어 볼래?"

왜구가 자주 침입하자 왜구로부터 서천의 백성을 지키고자 성을 쌓기로 했습니다. 여인 100명이 성을 쌓고, 힘이 센 장사 한 명이 강을 건너는 다리를 짓는 내기를 하게 되었습니다. 여인들은 장사에게 지지 않기 위해 힘을 합쳐 성을 빨리 쌓았습니다.

여인들이 성을 다 쌓고 이겼다며 즐거운 함성을 질렀습니다. 그때 장사도 급하게 마지막 돌을 끼워 다리를 완성해서 무승부가 되었다고 합니다.

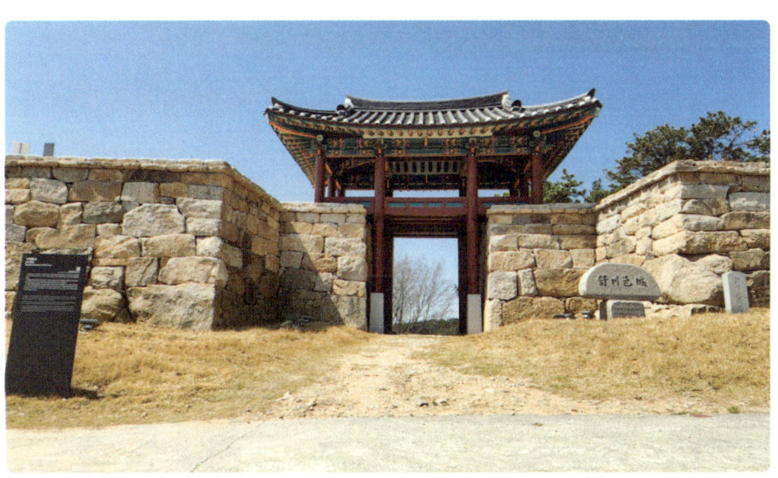

•서천읍성

"서천읍성 덕분에 서천 사람들은 왜구의 침입으로부터 안전했겠네. 읍성이 무척 중요한 역할을 했다는 것을 알 수 있을 것 같아."

"우리 이제 동백나무 숲으로 가서 바다를 보자."

샤샤와 다람쥐는 서천읍성을 떠나서 동백나무 숲으로 갔습니다. 서천의 동백나무 숲(천연기념물)을 본 다람쥐는 너무 놀라서 나무에 올라가는 것도 잊었습니다.

"우와! 바닷가에 이렇게 멋있는 동백꽃 숲이 있다니 정말 놀라워. 빨간 동백꽃이 피는 계절에는 동화 속에 나오는 환상의 숲일 것 같아!"

동백나무가 빼곡한 숲은 온통 초록색으로 물든 동화 마을 같았습니다. 서천의 동백꽃은 3월 중순에 피기 시작해 4월 초에 절정을 이룹니다. 샤샤와 다람쥐는 가을이 막 시작되는 계절에 왔기 때문에 빨간 동백꽃을 볼 수 없어서 아쉬워했습니다. 동백꽃이 필 무렵에 다시 이곳에 오자고 약속하며 아쉬움을 달랬습니다.

천연기념물인 서천의 동백나무 숲은 무려 500년 이상 된 동백나무가 85그루나 있습니다. 동백나무에 둘러싸인 채 바다를 보면서 올라가다 보면 꼭대기에 누각 동백정이 있습니다. 동백정은 동백나무 숲과 어우러져 한층 더 운치 있고 아름답습니다.

"동백정에서 내려다보는 풍경은 마치 영화에 나오는 장면 같아. 드넓은 바다와 해송, 동백이 숲을 이룬 이곳은 샤샤와 같은 요정들이 사는 곳인가 봐."

운치 있고 황홀하도록 아름다운 동백나무 숲에서 다람쥐는 너무나 행복했습니다. 다람쥐가 행복해하는 모습을 보니 샤샤도 저절로 행복해졌습니다.

동백숲에서 놀던 샤샤와 다람쥐는 어두워지기 전에 한산모시 전시관을 둘러보기로 했습니다.

서천은 한산모시와 한산소곡주가 특산물입니다. 한산모시 전시관은 우리나라의 전통 직물인 모시의 역사와 가치를 소개하는 곳입니다. 모시는 우리나라의 아름다운 여름 전통 옷감으로 역사적 가치가 높습니다. 전시관에는 고려 시대부터 조선 시대까지 모시로 만든 전통 복식 20점을 재현하여 전시하고 있습니다.

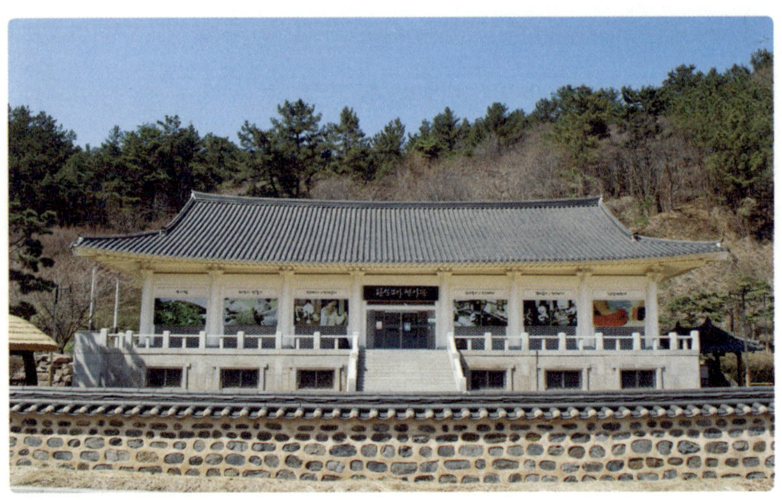

• 한산모시 전시관

전시관을 둘러보던 다람쥐가 궁금한 듯 물었습니다.

"샤샤야, 모시가 뭐야? 전시된 옷들을 모시라고 하는 거야?"

"응, 모시는 모시풀을 여러 번의 공정을 거쳐서 만든 옷감이야. 옛날 사람들이 주로 입었는데 습기를 흡수하고 발산하는 것이 빨라서 여름에 입으면 시원한 전통 옷감이란다. 여기 있는 옷 모두 모시로 만든 거야."

"저렇게 예쁜 옷이 모시라는 풀에서 나온 옷감으로 만든 것이라니! 정말 대단한 기술이구나. 놀라워."

다람쥐는 한갓 풀에서 사람들이 입을 수 있는 옷감을 만든

다는 말에 놀라움을 금치 못했습니다. 전시된 멋진 옷들이 모두 풀에서 짜낸 옷감으로 만들었다니 믿을 수가 없었습니다.

"한산은 한산모시와 한산소곡주가 유명한데 한산소곡주도 충청남도 무형문화재로 지정되었단다."

"그런데 샤샤야, 무형문화재가 뭐야? 유형문화재는 건축물이나 물건처럼 형태가 있으면서 역사적 가치나 예술적 가치가 높은 것이라고 알고 있는데, 무형문화재는 잘 모르겠어."

다람쥐가 궁금하다는 듯이 고개를 갸웃거렸습니다. 샤샤가 친절하게 설명했습니다.

"다람쥐가 유형문화재는 정확히 알고 있구나. 무형문화재는 구체적인 형체는 없지만, 문화나 역사, 예술적으로 가치가 큰 것을 말하는 거야. 한산모시를 짜는 기술은 구체적인 형태를 갖춘 것이 아니니까 무형문화재가 되는 거란다. 무형문화재의 기술을 익히고 전수하는 사람들을 무형문화재 기능보유자라고 해."

"아하, 그러니까 형태가 없는 문화재는 무형문화재고, 형태는 없지만 기술을 이용해 무엇인가를 만들어내는 사람들을 기능보유자라고 한다는 거지? 무형문화재의 맥을 잇기 위해 기능보유자로 지정된 분들이 무형문화재를 지키려고 애쓰는 거구나!"

"맞아! 유형문화재뿐만 아니라 무형문화재에도 사람들의 많은 관심이 필요해. 기술을 물려받을 사람이 없으면 무형문화재는 사라지고 말거든."

"절대로 그런 일이 일어나지 않도록 사람들이 무형문화재를 잘 지켰으면 좋겠어."

"사람들은 전통을 중요하게 여기니까 그런 일은 없을 거야. 그러니 너무 걱정하지 마, 다람쥐야."

샤샤가 다람쥐를 안심시켰습니다.

한산모시관에서는 모시의 수확부터 모시 짜기, 모시 공예품으로 완성되기까지의 과정을 상세히 알아볼 수 있습니다. 전수교육관에서는 미니 베틀, 염색, 공예, 모시 제품 등 다양한 모시 체험과 교육을 받을 수 있습니다.

다람쥐와 샤샤는 한산모시관 뒤에 있는 산에서 동그란 달빛을 받으며 꿀잠을 잤습니다.

서천 마량리 동백나무 숲

500여 년 전, 마을 사람들 대부분 뗏목을 타고 바다에 나가 고기잡이를 하며 생활했는데, 파도가 조금만 높아도 바다에 빠져서 돌아오지 못하는 일이 많았다. 어느 날, 바다에서 남편과 자식을 잃고 애통해하던 노파가 용이 승천하는 것을 보고 용왕을 잘 위해야 화를 면할 것이라고 생각했다. 그러던 중 꿈에 백발 노인이 알려 준 대로 해안가에 동백나무 씨앗을 심고 제사를 지냈다. 거친 바닷바람에 많은 동백나무가 죽었지만 결국 그중 85그루가 살아남아 점점 무성해졌다. 그 후부터 바다에서 고기잡이를 해도 사람이 죽는 일은 없었다고 한다.

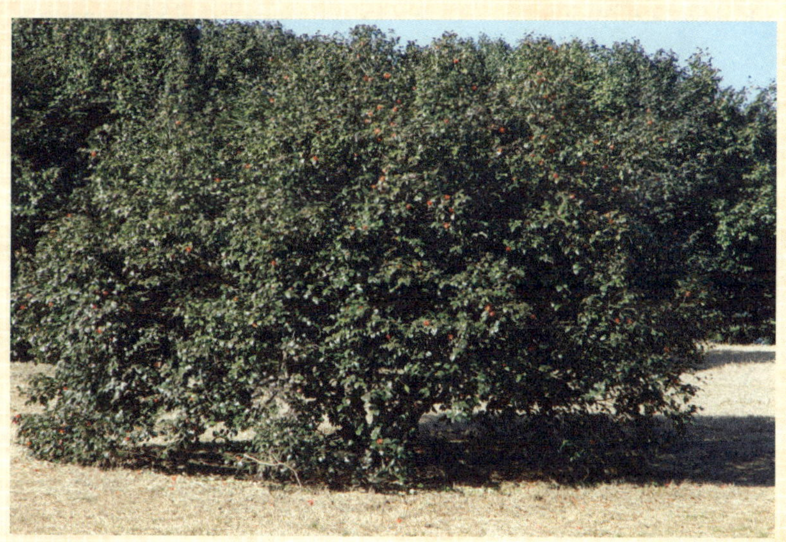

• 서천 마량리 동백나무 숲 © 문화재청

한산모시

한산에서 생산된 모시는 예로부터 다른 지역에 비해 품질이 우수하고 섬세하여 모시의 대표로 불려 '한산모시' 또는 '한산세모시'라고 한다. 우리나라 여름 전통 옷감의 역사적 가치를 보존하기 위해 '한산모시짜기'는 중요무형문화재로 지정되었다. 또한 직조 기술의 우수성을 세계적으로 인정받아 유네스코 인류무형문화유산으로 등재되었다.

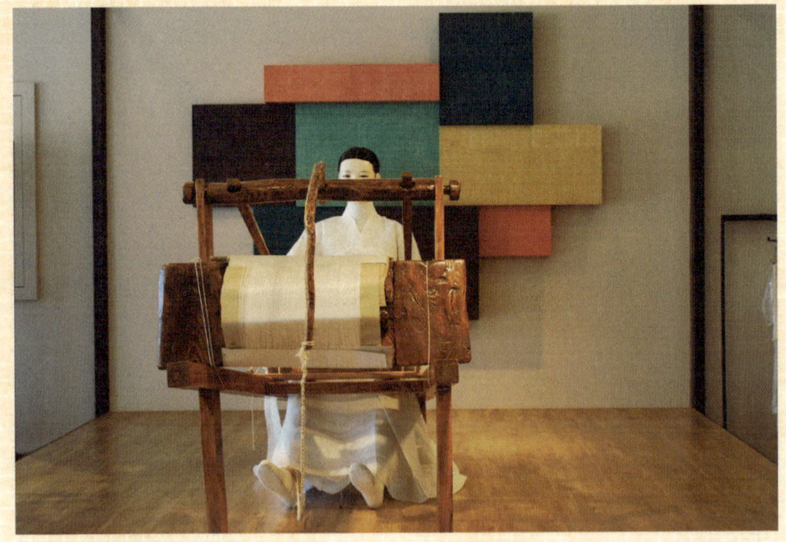

•한산모시 짜는 모습 모형

신선이 놀던 선유도와 금강하굿둑

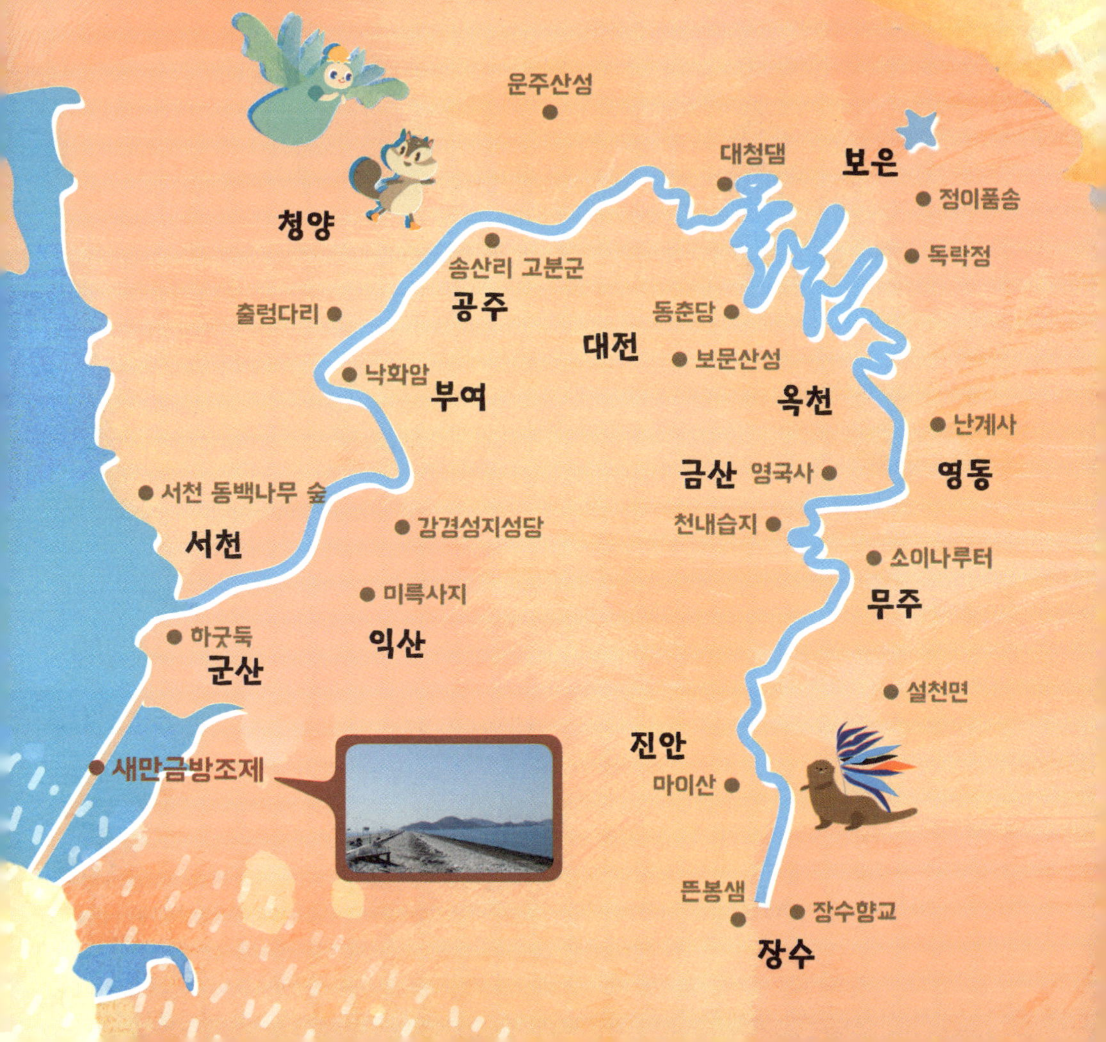

운주산성
대청댐
보은
정이품송
청양
송산리 고분군
독락정
출렁다리
공주
동춘당
대전
보문산성
낙화암
부여
옥천
난계사
금산
영국사
영동
서천 동백나무 숲
강경성지성당
천내습지
서천
소이나루터
미륵사지
무주
하굿둑
익산
군산
설천면
새만금방조제
진안
마이산
뜬봉샘
장수향교
장수

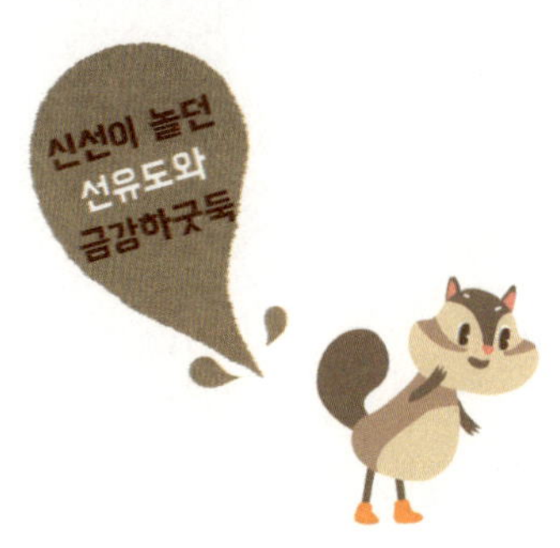

"다람쥐야, 우리가 지금까지 금강을 따라 여행했잖아. 사람들이 생활하기 위해서는 물이 꼭 필요하니까 옛날부터 강이 있으면 사람들이 물길을 따라서 생활의 터전으로 삼았단다."

"그래서 강을 따라 역사와 문화가 발전하는구나."

"맞아, 이곳 군산에는 선사 시대의 유적이 남아 있어."

샤샤와 다람쥐는 선사 시대의 유적을 보기 위해 군산역 2층에 있는 내흥동 유적 전시관을 찾아갔습니다. 기차를 타기 위해 기다리는 사람들이 자연스럽게 전시관을 둘러보고 있었습니다. 기차를 타러 왔다가 선사 시대의 유적을 본다니, 왠지 근사했습니다.

"기차역에 전시관이 마련되어 있으니까 군산의 역사도 알 수 있고, 기차 시간을 기다리는 것이 지루하지 않아 무척 좋은 것 같아."

"사람들이 오고 가는 장소인 기차역이 전시관이 될 수도 있다니 정말 멋지다."

기차역 내흥동 유적 전시관에서는 내흥동에서 출토된 선사 시대의 토기와 돌칼, 구덩이 모양의 집터, 고대 시대 벽화를 비롯해 여러 유물을 볼 수 있습니다.

"우리 이번엔 박물관으로 가서 좀 더 깊이 있게 볼까?"

다람쥐의 제안에 샤샤가 앞장섰습니다.

군산 근대역사박물관은 근대 문화와 해양 문화를 중심으로 전시되어 있습니다.

박물관은 무척 넓었습니다. 해양물류역사관에 들어간 다람쥐가 깜짝 놀랐습니다.

"우와, 전시관 안에 배도 있어!"

각종 유물이 전시된 곳에 정말 커다란 배가 있었습니다. 샤샤가 배 위로 살포시 날아가자 다람쥐도 사람들에게 들키지 않기 위해 배 안으로 쏙 숨었습니다. 그런데 배 위에서 사람들이 배를 움직이는 게임을 하고 있었습니다. 실제로 배는 움직이지 않았지만, 게임 속에서는 가능했습니다.

샤샤와 다람쥐는 배에서 빠져나와 위층으로 올라갔습니다. 2층은 마치 시간 여행을 떠난 듯 1930년대 모습이 그대로 재현되어 있었습니다. 너무나 신기했습니다. 인력거부터 시장의 옛 모습, 일제 강점기의 슬픈 역사도 볼 수 있었습니다.

"마치 시간 여행을 온 것 같아. 옛날 학교도 있어. 난로에다 도시락을 높이 올려놓은 모습이 너무 정겨워 보여."

"시장의 풍경도 너무 재밌어. 아이들이 각종 체험을 하고 있어. 너무 신나겠다."

"그렇지만 독립영웅관의 독립군들의 모습은 너무 가슴 아프고 슬퍼."

"맞아. 독립을 위해 목숨을 바친 독립군들은 정말 위대한 분들이야!"

샤샤와 다람쥐는 숙연해지는 마음을 가다듬으며 군산 근대역사박물관을 둘러보았습니다.

군산은 일제 강점기 때 일본인들이 강제로 물건을 빼앗아

갈 때 꼭 거쳐 가야 했던 아픔을 간직한 서해 항구 도시입니다. 현재까지 일제에 의해 조성된 일본 강점기의 은행, 세관, 금고 등의 건물이 그대로 남아 있어 역사적 교훈을 주는 곳이기도 합니다.

군산 근대역사박물관을 나온 샤샤와 다람쥐는 맑은 바람을 쐬며 선유도로 갔습니다.

"선유도는 원래 이름이 군산도였는데 섬의 경치가 너무 아름다워서 신선이 내려와서 놀았다고 해서 선유도라고 부르게 되었대. 어서 가 보자."

샤샤의 말에 다람쥐가 폴짝 뛰며 따라갔습니다.

"얼마나 아름다우면 신선이 내려와서 놀았는지 궁금하다."

선유도는 세 개의 섬으로 분리되어 있었는데, 파도에 쓸려온 모래가 오랜 세월 쌓여 언덕을 만들면서 세 개의 섬이 하나로 연결됐다고 합니다.

"어쩜 이렇게 모래가 곱지? 물도 무척 맑아."

다람쥐가 부드러운 모래 위를 뛰어다녔습니다.

"선유도는 석양이 아름답기로 유명해. 저기 보이는 기암절벽에 있는 폭포도 아주 멋지단다."

샤샤가 커다란 바위인 망주봉을 가리켰습니다.

"이순신 장군이 명량해전 승리 후에 열흘 이상 머물면서 전열을 재정비하던 곳이 바로 선유도래."

선유도는 임진왜란 때 함선의 정박 기지로 해상 요지였습니다. 선유도는 백사장이 10리에 걸쳐 펼쳐져 있다고 하여 명사십리라고도 불립니다. 썰물 때는 갯벌 체험도 할 수 있습니다.

"저 길은 끝이 보이지 않는 것 같아."

다람쥐가 끝없이 이어진 방조제를 가리켰습니다.

"응, 저 길은 새만금 방조제야."

"새만금 방조제? 이름이 너무 어려워. 그게 뭐야?"

다람쥐가 알아듣기 힘들다는 듯 한숨을 푹 쉬었습니다. 다람쥐의 한숨에 샤샤가 하하 웃으며 쉽게 설명했습니다.

"밀려드는 바닷물로 인한 피해를 막기 위해 바닷가에 쌓은 둑을 방조제라고 해. 전라북도 군산시부터 김제시를 거쳐 부안군까지의 섬들을 연결하는 방조제를 새만금 방조제라고 하는 거야."

"아하, 그러니까 바닷가에 둑을 만든 것을 말하는구나."

"그렇지. 새만금 방조제는 길이 33.9킬로미터로 세계에서

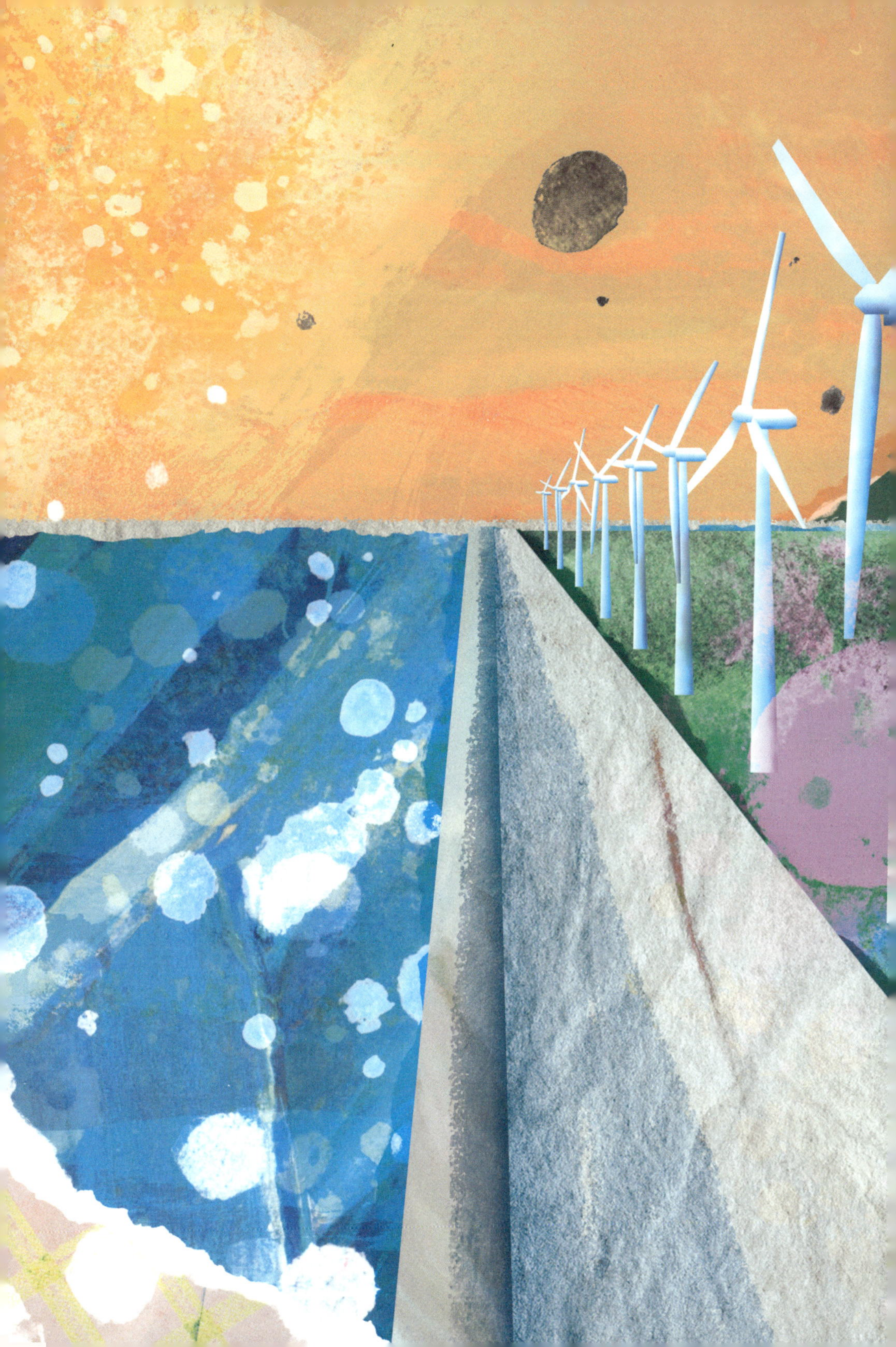

제일 길어. 차를 타고 40분 이상 가야 한대."

"세상에! 그렇게나 길게 둑을 쌓은 거야?"

다람쥐가 깜짝 놀랐습니다.

"그래서 세계에서 가장 긴 방조제로 기네스북에 등재되었어."

"기네스북? 그건 또 뭐야?"

다람쥐는 궁금한 것이 많았습니다.

"기네스북이란 세계에서 가장 뛰어난 최고의 것을 기록하는 거야."

"우와, 그래서 새만금 방조제가 기네스북에 오른 거구나!"

기분이 좋아진 다람쥐의 어깨가 으쓱 올라갔습니다. 왠지 샤샤의 말을 듣고 있으면 똑똑해지는 것만 같아서 기분이 좋았습니다.

"샤샤, 목이 말라. 강물을 좀 마셔야겠어."

다람쥐가 물가로 쪼르르 내려가서 시원하고 깨끗한 물을 마셨습니다. 물을 마시는 다람쥐 등 뒤로 노을이 빨갛게 내려앉았습니다.

"음, 물맛이 아주 좋아. 샤샤도 마셔 봐!"

충분히 목을 축인 다람쥐가 샤샤를 보고 웃었습니다. 선유도 바다에 퍼지는 석양은 그림으로도 표현하지 못할 만큼 가슴을 따뜻하게 물들였습니다.

사샤와 다람쥐는 편히 쉴 곳을 찾아 금강하굿둑으로 갔습니다. 금강하굿둑은 충청남도 서천군 마서면과 전라북도 군산시 성산면을 연결하며 다리 역할도 하는 둑입니다.

"우와! 저 새들 좀 봐. 새가 어쩌면 저렇게 많지?"

금강하굿둑과 광활하게 펼쳐진 논과 밭에서 먹이를 찾고 있는 새들을 본 다람쥐는 너무 놀라서 말도 나오지 않았습니다. 드넓은 갈대밭과 농경지에 수만 마리의 새들이 모여 있는 모습은 정말 장관이었습니다. 사샤와 다람쥐를 보고 있던 갈매기 한 마리가 날아와서 사샤와 다람쥐에게 인사를 했습니다.

"이렇게 놀라는 것을 보니 이곳에 처음 왔나 보다."

"맞아, 나와 다람쥐는 금강을 따라 여행 중이란다."

사샤의 말에 갈매기가 깍깍거리며 반가워하였습니다.

"잘 왔어. 이곳은 금강하굿둑이야. 물새들은 물론이고 철새들이 이동할 때 갯벌과 갈대밭에서 먹이를 먹으면서 쉬어가는 곳이지. 물새들의 서식지이자 철새들이 쉬어가는 금강하구의 갯벌은 세계적으로도 보전되어야 할 중요한 지역이야."

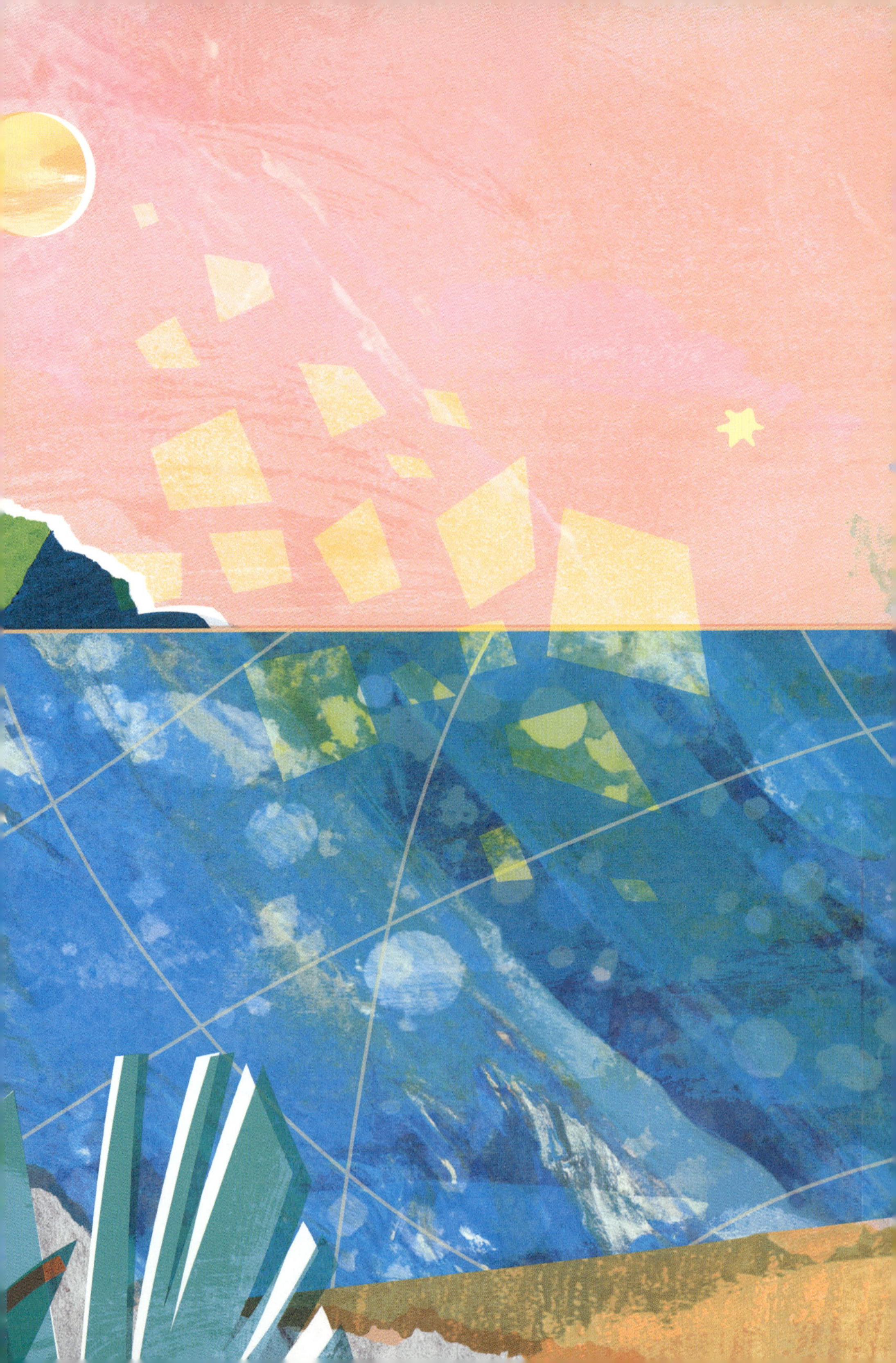

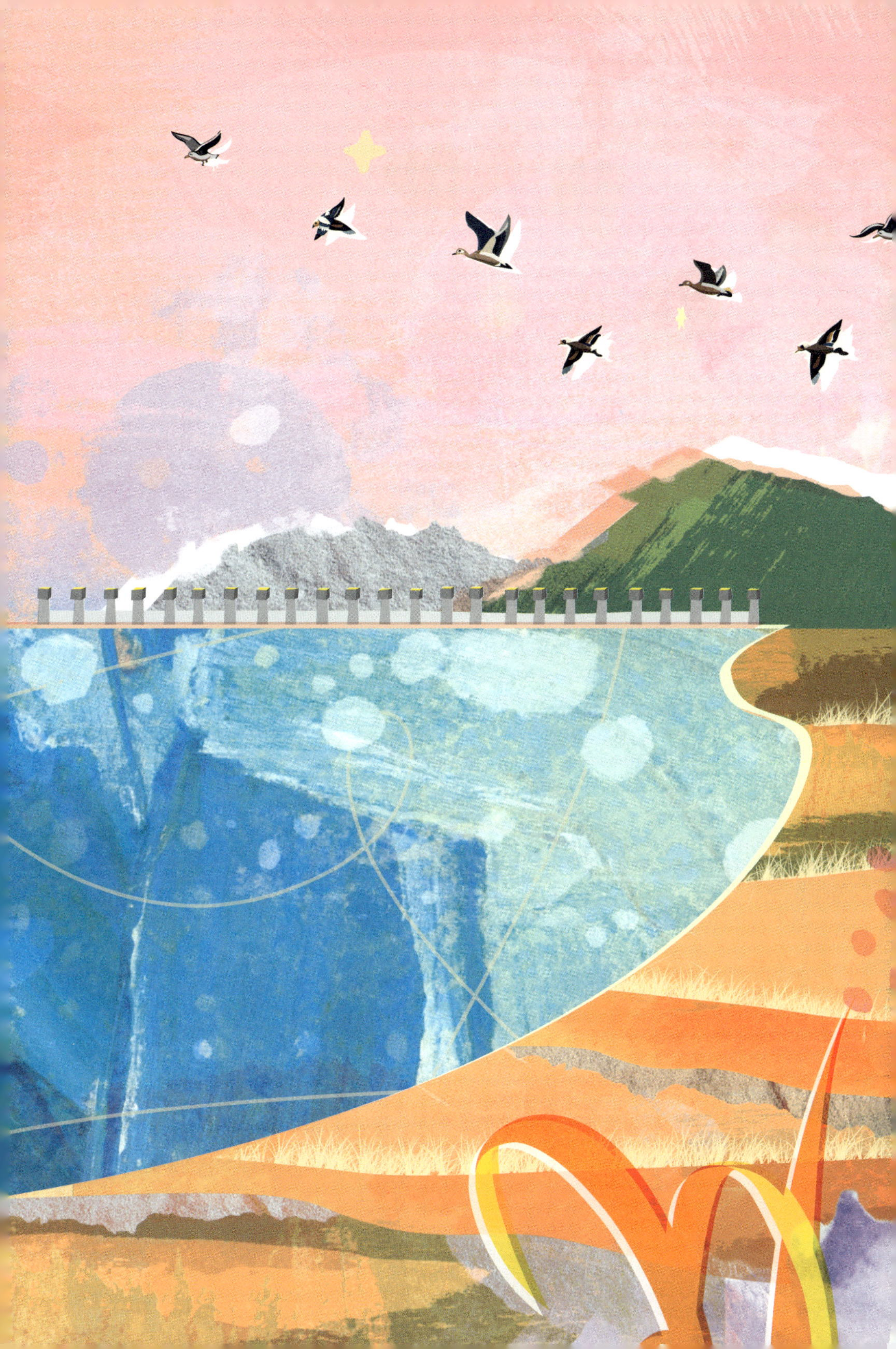

샤샤와 다람쥐를 보고 있던 갈매기가 금강하굿둑에 대해 알려 주었습니다.

"금강하구둑은 정말 중요한 역할을 하고 있구나."

"그렇지. 하지만 물새들의 중요한 서식지인 서해안의 갯벌이 점차 사라지고 간척이 무분별하게 추진되기도 해. 그래서 지역의 특산품이었던 황복, 금강 장어, 참게도 사라졌어."

갈매기가 시무룩한 표정을 지었습니다.

"금강하굿둑이 생태계를 망친 거야?"

다람쥐가 놀라서 물었습니다.

"그런 것은 아니야."

"그럼?"

"금강하굿둑은 충남과 전북을 잇는 다리 역할도 하고, 농업과 공업에 쓰이는 물을 공급해. 금강 주변 홍수를 조절하는 역할도 하고 있지. 이른 아침 안개가 피어오르는 풍경도 멋있고, 노을이 지는 모습도 아주 일품이라 사람들이 많이 찾아오기도 해."

"잃은 것이 있으면 얻는 것도 있구나."

"그렇지. 그러니까 무언가를 잃었다고 해서 꼭 나쁜 것만은 아니야. 물론 하나도 잃지 않고 모두 지킬 수 있는 것이 가장 좋은 방법이긴 하지. 금강하구는 최무선 장군이 우리나라 최초로 화약을 이용한 진포대첩으로 대승을 거둔 곳이기도 해."

"우와아! 최초로 화약을 이용해서 대승을 거둔 곳이라니. 정말 멋진 일이야!"

샤샤와 다람쥐가 환호했습니다.

"내가 살고 있는 금강은 백제의 찬란한 문화를 꽃피운 강이라고 할 수 있어."

갈매기의 목소리엔 자부심이 느껴졌습니다.

"맞아. 금강을 따라 펼쳐진 백제의 유적을 보면서 우리도 자부심을 갖게 되었어. 정말 멋졌어."

샤샤와 다람쥐가 한목소리를 내었습니다.

"너희들이 그렇게 느꼈다니 정말 좋다. 나는 이제 친구들이 있는 곳으로 가야겠어. 안녕!"

갈매기가 떠나자 샤샤와 다람쥐와 백제의 얼이 담긴 금강을 바라보았습니다. 노을로 붉게 물든 금강은 백제의 역사를 품고 흘러가는 것만 같았습니다. 샤샤가 다람쥐 곁으로 다가갔습니다.

"여기까지 금강을 따라 함께 한 여행이었어. 다람쥐야, 금강

여행은 어땠어?"

"으음, 조금 어려운 것도 있었지만, 신기한 것투성이였어. 나는 도토리만 모으고, 겨울 추위를 피할 줄만 알았지 주변에 무엇이 있는지는 관심 없었거든. 그런데 금강 여행을 하면서 정말 많은 것을 알게 되었어."

샤샤가 조용히 다람쥐의 말을 경청했습니다.

"샤샤가 아니었다면 금강을 따라 어떤 이야기가 담겨 있는지 몰랐을 거야. 하지만 이제는 주변이 다르게 보여. 내가 다니는 모든 곳과 주변에 관심을 갖게 되었어. 내가 살던 곳에 있는 나무도 재미있는 이야기 한 개 정도는 품고 있을 것 같기도 해."

"맞아. 무언가를 안다는 것은 중요해. 역사를 이해하고 보존하는 것도 꼭 지켜내야 할 일이지."

샤샤가 고개를 끄덕거렸습니다.

"과거의 역사는 미래를 보여 주는 것 같아. 샤샤와 함께 다니다 보니 소중하지 않은 것은 하나도 없다는 것을 알게 되었어. 지나간 역사를 돌아보며 더욱 발전하는 사람들이 정말 멋져 보여."

다람쥐는 부쩍 어른이 된 것 같았습니다.

“다람쥐야, 여행하는 동안 가장 기억에 남는 것이 있어?”

“샤샤와 함께 다닌 모든 것이 신기하고 기억에 남지만, 그 중에서도 건물 안에서 반짝이는 밤하늘을 볼 수 있다는 것이 신기했어. 지역마다 강을 다른 이름으로 부른다는 것도 기억에 남아. 샤샤와 함께 다녔던 곳을 모두 친구들에게 얼른 이야기해 주고 싶어. 내가 얼마나 멋진 여행을 했는지 친구들은 모를 거야. 모두 샤샤 덕분이야. 정말 고마워.”

다람쥐는 진심으로 요정 샤샤에게 고마워했습니다. 다람쥐는 샤샤와 여행하면서 숲에서는 알지 못했던 큰 세상을 만난 것에 감사했습니다. 언제나 앞장서서 여행을 이끌어간 요정 샤샤가 고맙고, 여행하면서 더욱 친해져서 더 좋았습니다. 기분이 좋아진 다람쥐가 폴짝폴짝 뛰었습니다.

“나도 다람쥐와 함께여서 정말 행복하고 재미있는 시간이었어. 혼자였다면 금강의 끝까지 오지도 못했을 거야. 다람쥐야. 우리가 왔던 금강 길을 다시 돌아가며 한 번씩 되짚어볼까? 그러면 더 많은 것을 친구들에게 알려 줄 수 있을 거야.”

“좋아. 이제는 집으로 가기 위한 여행을 떠나는 거야. 친구들에게 돌아가면 제일 먼저 아주 근사하고 멋진 요정에 대해 말해 줄 거야."

다람쥐의 말에 샤샤가 행복하게 웃었습니다.

금강하굿둑에 어둠이 깃들자 샤샤와 다람쥐는 갈대가 무성한 곳에서 하늘을 올려다보았습니다. 총총하게 빛나는 별들이 샤샤와 다람쥐를 감싸듯이 내려앉았습니다. 갈대숲에서 깊은 잠에 빠진 새들이 가끔 날개를 펴는 소리가 들렸습니다.

샤샤와 다람쥐는 서로의 어깨를 기대며 행복하게 잠이 들었습니다. 환한 보름달이 부드러운 달빛으로 샤샤와 다람쥐를 비추었습니다.

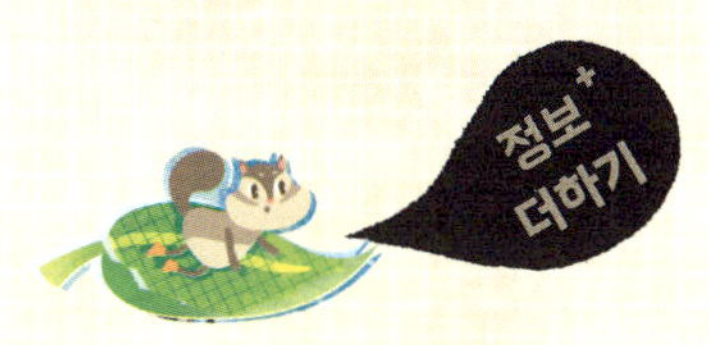

새만금 방조제

새만금이라는 이름은 김제시 김제평야의 다른 이름인 만금평야(만경평야의 '만'과 김제평야의 '김'을 합친 이름)의 '만금'에 새롭다는 뜻의 '새'를 붙인 것이다.

전라북도 군산시와 김제시, 부안군을 이어주는 세계에서 가장 긴 방조제이다. 길이는 총 33.9킬로미터이며, 세계에서 가장 긴 방조제로 알려졌던 네덜란드의 자위더르 방조제(32.5킬로미터)보다 1.4킬로미터 더 길다. 새만금 방조제는 세계에서 가장 긴 방조제로 기네스북에 등재되었다.

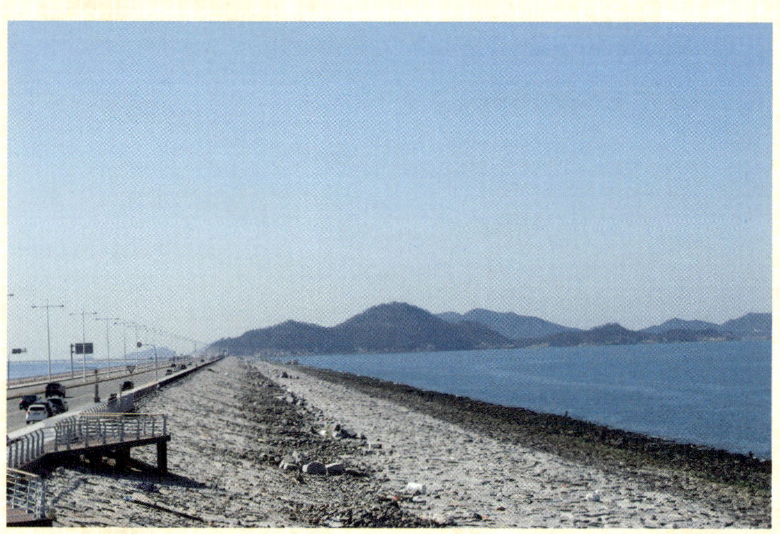

• 새만금 방조제

금강하굿둑

금강하굿둑은 충청남도 서천군 마서면과 전라북도 군산시 성산면을 연결하며, 다리 역할도 겸하고 있다. 하굿둑 위에는 4차선의 차도와 인도로 되어 있다. 1,841미터의 제방으로 되어 있으며 1억 3800만 톤의 물을 저수할 수 있다. 농경지에 농업용수를 공급하며 공업용수도 공급한다.

금강하굿둑은 매년 겨울이면 각양각색의 철새들이 찾아들고, 고니, 가창오리, 청둥오리, 고방오리를 비롯한 오리류와 기러기류, 검은머리물떼새 등 희귀한 수십만 마리의 새들에게 중요한 월동지이다. 철새들이 북극권과 동남아시아, 호주로 이동할 때 금강하굿둑 주변의 갯벌은 철새들의 먹이와 쉼터를 제공하는, 천혜의 자연환경을 갖추고 있다. 금강하굿둑 주변에 금강철새조망대가 있다.

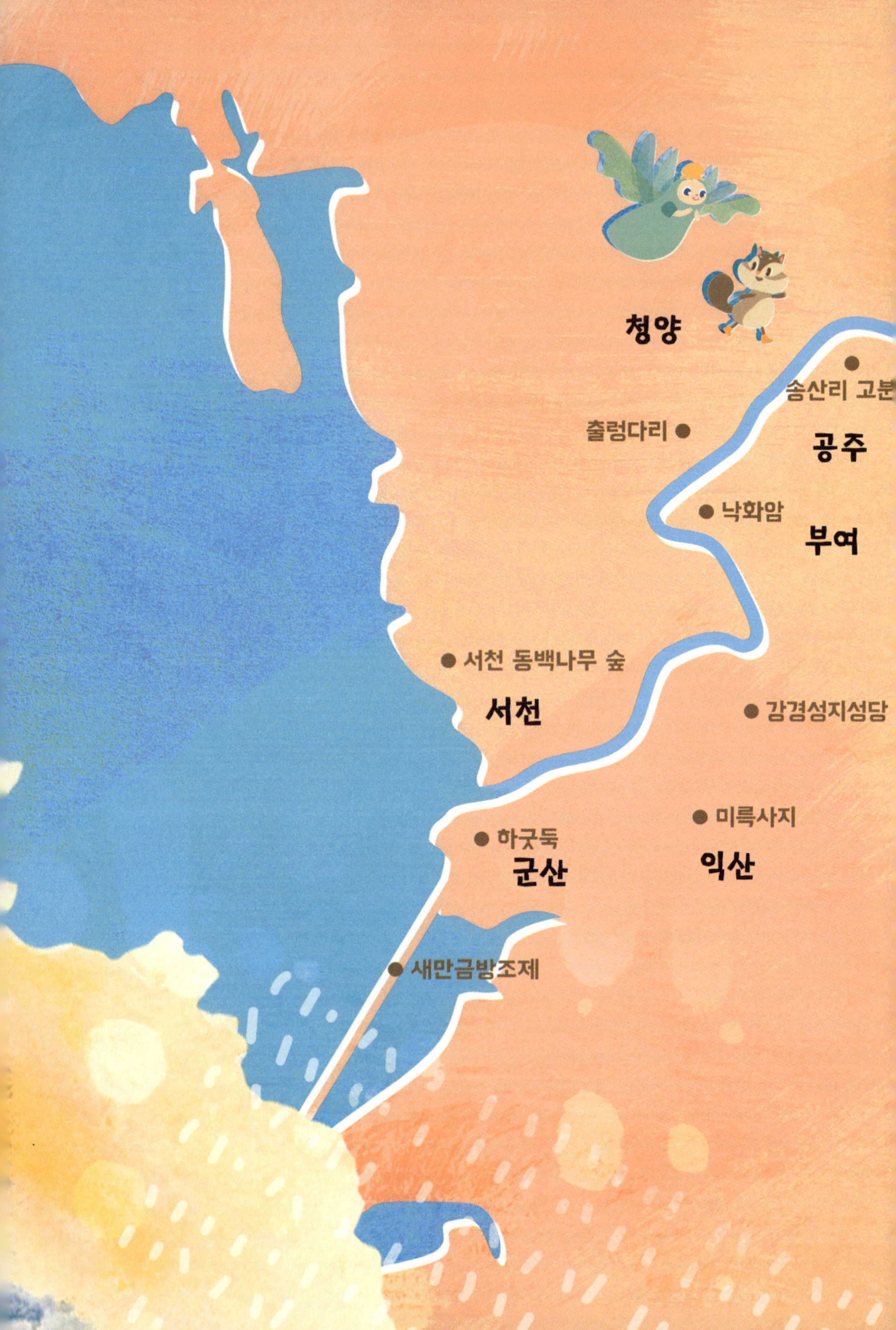
청양
송산리 고분
출렁다리
공주
낙화암
부여
서천 동백나무 숲
서천
강경성지성당
미륵사지
하굿둑
군산
익산
새만금방조제

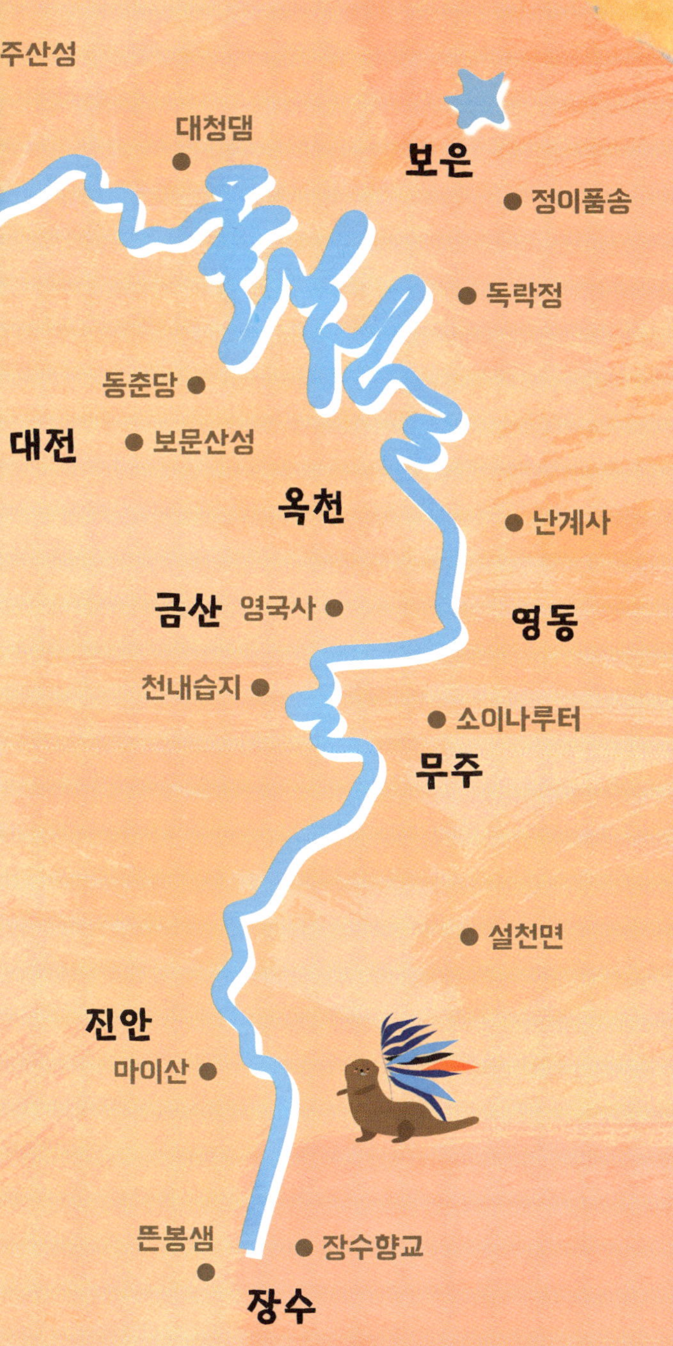

주산성
대청댐
보은
정이품송
독락정
동춘당
대전
보문산성
옥천
난계사
금산
영국사
영동
천내습지
소이나루터
무주
설천면
진안
마이산
뜬봉샘
장수향교
장수